一般社団法人アルボラーダ代表 中祖嘉人 著

1冊でわかる

3x3
バスケ入門

ルールから戦術、練習法まで

マイナビ

3✕3が観ていてエキサイティングな理由はこれだ!!

　3X3の試合を観ると、誰もがそのエキサイティングさに目を奪われることと思います。長くても1試合10分で完結するため、自然とテンポが速くなり、目を離せないシーンが続くので、途中で飽きることがありません。

　それもその筈、3X3では試合をエキサイティングにする様々な工夫がされているのです。

　例えば、21点のノックダウン制。1日に数試合をこなすため、できれば時間をかけずに体力を温存したいものです。であれば、先に21点を先取して10分未満で試合を終了させるため、プレーのテンポが速くなります。

　また、ショットクロックが12秒なので、シュートシーンも多く観られます。さらに、得点を取った後やリバウンドを確保した後に、すぐにボールを外に持ち出すところから攻防が始まります。

　また、プレーヤーの人数が少ないため、スペースを利用したダイナミックなプレーが多くなるのはもちろん、小さ目のボールでハンドリングをよくすることで目を引くプレーが多いのも特徴です。

　勝敗だけでなく、平均得点数がシードに影響するのも魅力です。最後まで得点を狙いに行くため「捨て試合」はありません。本書を通じて、3X3の魅力を感じていただければと思います。

1. 試合のテンポが速い！

1試合10分。21点ノックダウン制だから、テンポが速く観ていて飽きない。

2. シュートの数が多い！

ショットクロックが12秒。フルコートのボールダウンがないのでシュート数が多くなる。

3. 攻防が激しい！

得点後のスローインがないから、得点後にすぐに攻防が始まる。スペースを利用した1on1も多くなる。

4. ダイナミックなプレー！

ボールが小さいためハンドリングしやすく、広いスペースを利用したダンクシュートなどのチャンスが多い。

5. 最後まで力を抜かない！

1試合の平均得点がシードに影響するので、最後まで得点を狙い続ける。

プレーヤーも楽しめる！
効率よく上達できる
「3×3＝9」のメリット!!

3X3は観るだけでなく、プレーヤーにとっても非常に楽しいスポーツです。基本的なスキルは5人制のバスケットボールと同じですが、それ以外の魅力が非常に多く詰まっています。

プレーヤー一人一人のシュートチャンスも多く、ポジションによって役割が決まっている訳でもないので、全てのプレーヤーが様々なプレーをすることができます。

また、試合中のベンチからの指示は禁止されているため、全ての判断はプレーヤー同士でしなければなりません。プレーヤーの交代も自分たちのタイミングで行なうため、まさにプレーヤー主導の競技と言えます。その分、プレーヤー間のコミュニケーションも大事に

なります。

また、3X3は5人制のバスケットボールの上達にも非常に役立ちます。特に育成世代のプレーヤーにとって、効率よく上達するには3X3が最適です。

全てのプレーヤーにほぼ均等にシュートチャンスが訪れるため、積極的にシュートを打つことで、実戦での経験値が高まります。

ポジションに関係なく、様々なスキルが求められるため、必要とされる技術に偏りがなく、バランスよく技術を身につけられるのも魅力です。

また、3人集まれば誰でも大会にエントリーできるため、5人制では別のチームのプレーヤーと一緒にチームを組めるのも経験値の向上に役立つでしょう。

3×3の特徴

3×3＝9のメリット

シュートを多く打てる

フィジカルゲーム

プレーの主体性

コミュニケーション

全員が出場できる

チームケミストリー

ポジションは関係なし

マンツーマンが上達

誰とでも試合に出れる

CONTENTS

1冊でわかる
3×3バスケ入門
ルールから戦術、練習法まで

Part2
勝つための要素と
3×3の戦術とスキル

Part3
3×3に生きる
ディフェンススキル

Part4
３×３独特の動きが
身につく練習法

実戦に使える「生きたスキル」を「生きた練習」で身につける ……… 136

CONTENTS

本書の見方

■導入ページ

これから紹介する戦術やスキルのポイントを解説。

■戦術ページ

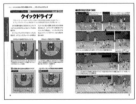

紹介する戦術のプレーヤーの動きを図と写真で紹介。

■スキル紹介ページ

3X3に必要なスキルを連続写真で紹介。

本書では、3X3の戦術や練習におけるプレーヤーの様々な動きを写真と図を使って解説しています。また、プレーによってはボールマンに必要となる技術についても触れています。

■コート図の見方

オフェンスの解説ページではオフェンスチーム（黄色）が図の下から上に攻める方向、ディフェンスの解説ページではディフェンスチーム（黄色）が下のゴールを守る方向で構成しています。

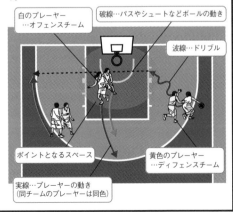

白のプレーヤー…オフェンスチーム

破線…パスやシュートなどボールの動き

波線…ドリブル

ポイントとなるスペース

黄色のプレーヤー…ディフェンスチーム

実線…プレーヤーの動き（同チームのプレーヤーは同色）

Part 1

観て楽しい! プレーして楽しい! 上手くなる!

3×3の魅力とは

5人制とは似て非なる3X3は観る楽しさも一味違う

3X3の試合を観ると3X3のゲームの展開の速さに驚くことだろう。
ルールや3X3の特性を知ることで、新たな観戦の楽しみが生まれる。

観て楽しむ

プレーして楽しむ

効率よく上達できる

3X3と5人制のバスケットボールでは、必要とされる基本スキル（ファンダメンタルスキル）は同じですが、試合時間や得点、ルールなど、異なる点が多いため、そのゲーム特性は大きく変わります。

飽きることなく1日に何試合も観ることができる

3X3の試合時間は10分間。しかも、21点先取のノックアウト制のプール戦で行なわれます。また、勝ち数が並んだ場合は1試合の平均得点（失点は関係ない）で順位が決定されるため、途中で勝敗が明らかでも、プレーヤーは最後まで全力で闘うのが魅力です。

さらに、3X3はチーム競技であるにもかかわらず、「個人ポイント制」を導入しているのも面白いところです。3X3の公式戦はレベルごとに11段階のグレードに分かれていて、代表チームの国別ランキングはもちろん、チームランキングや個人ランキングによって、エントリーした大会でのシードが決まるため、より高い順位を目指して最後まで闘います。

つまり、本気で闘うエキサイティングな試合を1日に何試合も観ることができるの

です。しかも、1試合が10分以内に完結するため、飽きずに観戦を楽しむことができるのです。

3X3のルールを知れば観戦がもっと楽しくなる

ルールの特性によって、プレーがよりエキサイティングになるのも事実です。

コートに両チーム合わせて6人のプレーヤーしかいないため、プレーヤー間のスペースは広くなります。そのスペースの攻防となるため、ボールの動きもプレーヤーの動きも激しくなります。

●プール内の順位の決定方法

	A	B	C	D	E	POINTS			SCORE	
						Pl	W	W%	For	For/Pl
TEAM A		○ 15-13	○ 18-16	● 17-21	○ 21-12	4	3	75%	71	17.8
TEAM B	● 13-15		○ 20-16	○ 14-11	○ 22-20	4	3	75%	69	17.3
TEAM C	● 16-18	● 16-20		○ 22-12	○ 21-15	4	2	50%	75	18.8
TEAM D	○ 21-17	● 11-14	● 12-22		○ 13-10	4	2	50%	57	14.3
TEAM E	● 12-21	● 20-22	● 15-21	● 10-13		4	0	0%	57	14.3

3X3の大会は通常1プール3〜4チーム（最大6チーム程度）のプール戦で行なわれ、プール上位チームのトーナメント制で行なわれる。プール内の順位の決定は勝敗数。勝敗数が同じ場合は1試合の平均得点によって決定される。

※ Pl…試合数、W…勝数、W%…勝率、For…総得点、For/Pl…平均得点

●大会ごとのグレードをカラーで表示

カラーグレード	ナショナルチーム	クラブチーム		国内
		FIBA主催	プロイベント	
ブラック			ワールドツアー	
レッド	W-cup	スーパークエスト	チャレンジャーズ	
ピンク	U23世界大会	クエスト決勝	女子シリーズ	
ブラウン	U18カップ	クエスト予選ライトクエスト決勝		プレミアリーグ日本選手権
パープル	他U23	ライトクエスト予選		プレミアリーグ日本選手権エリア予選
ブルー	その他	その他オープン		
オリーブ				日本選手権都道府県予選
グリーン				
オレンジ	U15			
イエロー		U15		
ホワイト		U13		

※2021年3月現在

ポイントは大会のカラーグレード（左記）、チームの最終順位、得点などの個人成績によって決定される。選手の個人ランキングは過去一年に出場した大会で獲得ポイント上位9大会の合計で決定される。

左表のクラブチームでの大会グレード「ライトクエスト」に優勝すると「チャレンジャーズ」、「クエスト」に優勝すると「ワールドツアー」にそれぞれ出場することができます。

また、ショットクロックが12秒間しかないというのも、プレーをエキサイティングにする要因の一つです。12秒以内に、ボールをアウトサイドに運び（ボールアウト）、シュートを打たなければならないので、自然とプレーは激しくなります。

3X3のルールを知って、戦術を理解して、試合観戦をさらに楽しみましょう。

ルールの違いを知ることで、
3X3がもっと楽しく観戦できる

**3X3では、試合をよりスピーディーでエキサイティングにするための
様々なルールやレギュレーションに工夫がなされている。**

3X3と5人制バスケットボールのルールは、コートの大きさ、得点、試合時間、ショットクロック以外にも、試合の流れに関連するものが意外と多くあります。

特に、ボールの大きさが少し小さいことで、片手でもハンドリングしやすいぶん、よりアクティブなプレーが可能になります。

また、ボールが外に出たときにトップからのチェックボールでリスタートするのも試合をエキサイティングにする要素です。

●ボールの違い

`3X3`

大きさ：6号球
　　　　（周囲72〜74cm）
重さ：7号球と同じ
　　　（580〜620g）

`5人制`

中学男子以上：7号球
中学女子：6号球
ミニバス：5号球

●コート

コートサイズ：
ゴール、ペイントエリア、アーク（5人制の3ポイントライン）などは5人制と同じ。縦の長さはハーフコートより短い。

フロア素材：
アウトドアの公式コートではプラスチック製やゴム製のタイルが使用される。

プラスチック製

ゴム製

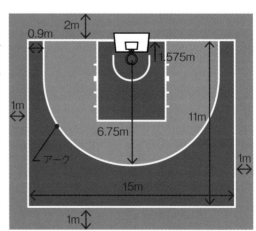

2m
0.9m
1.575m
1m
11m
6.75m
アーク
1m
15m
1m

観て楽しむ プレーして楽しむ 効率よく上達できる

● 3X3と5人制のルールの違い

3X3	相違点	5人制
●コイントスで試合開始時もしくは延長時のチェックボール（攻撃権）を決める	試合の始め方	●ジャンプボール
●アーク内の得点：1点 ●アーク外の得点：2点 ●フリースロー：1点	得点	●スリーポイントライン内：2点 ●スリーポイントライン外：3点 ●フリースロー：1点
●10分×1本 ●21点先取のノックアウト方式	試合時間	●10分クォーター（ピリオド）×4本 （合計40分）
●2点先取で勝利 ●チェックボールは試合開始と逆のチームで開始する	延長戦	●5分間の延長戦。 ●勝敗がつかない場合、再度5分間の延長戦をくり返す
●4名以内	プレーヤーの人数	●12名以内 ※中高生の大会など一部例外あり
●30秒を1回（大会によってはなし）	タイムアウト	●前半（第1・第2クォーター）で2回、後半（第3・第4クォーター）で3回
●12秒	ショットクロック	●24秒
●なし	個人ファウルの累積ペナルティ	●累積5回で退場
●7〜9回目：フリースロー2本 ●10回目以降：フリースロー2本+攻撃権	チームファウルの累積ペナルティ	●各クォーター5回目以降：フリースロー2本
●攻撃側チームはリング下からドリブルかパスでボールをアーク外に運ぶ ●守備側チームはボールがノーチャージセミサークル外に出るまでボールにプレーできない	フィールドゴールが決まった後	●エンドラインからスローイン
●チェックボールで再開	ボールがコート外に出た場合	●サイドラインorエンドライン外からスローイン
●守備側チームのチェックボールで再開	どちらのボールか不明の場合	●ジャンプボールシチュエーションごとに各チーム交互にスローイン
●チェックボールの前に選手同士で自由に行なう	選手交代	●選手がオフィシャルに申告後、オフィシャルが交代指示
●試合中はベンチ外 ●指示を出せない（出すと反則）	監督・コーチ	●ベンチ内で指示を出す

ショットクロックは12秒、
スピーディーな展開を楽しめる

**トランジションオフェンスでは、時間をかけずに素早くパスアウトすることで、
3X3ならではのポジションのアドバンテージを生かせる。**

観て楽しむ

プレーして楽しむ

効率よく上達できる

ハーフコートで行なわれる3X3は、コートが小さいぶん、ショットクロックが5人制では24秒であるのに対して、その半分の12秒しか与えられません。

得点後のスローインがないから連続した攻防が楽しめる

3X3では、5人制のようなフルコートのボールダウンは必要ありません。また、ゴールが決まった後のスローインがなく、ボールをキャッチした瞬間に12秒のショットクロックのカウントダウンが始まります。

ルール上、攻守が入れ替わったとき（オフェンストランジション）には、ボールを一度アーク外に運ばなければいけません。つまり、ボールに触れた瞬間に攻防が始まるのです。

ディフェンスとしては、素早くパスアウトさせずに、ドリブルアウトさせることでショットクロックを減らしたいので、トランジションと同時にプレッシャーをかけに行きます。

ショットクロックは12秒。この12秒間でボールアウトして
シュートまで持ち込まなければならないため、あまり複雑
なセットオフェンスは必要ない。いかにシンプルな攻撃
で得点を積み上げていくかがポイントになる。

スペースを使って1on1を仕掛ける。

スペースを作るためのスクリーンプレー。

得点直後から、5人制のフルコートプレスのようなマークマンのピックアップとパスのディナイが始まるので、非常にエキサイティングなゲーム展開を途切れることなく連続して楽しめます。

そして、一度、ボールアウトしてしまうと、そこからは一転してゴールに向かった攻撃となるため、エキサイティングなシーンが連続します。マークマンに対するポジショニングの考え方も5人制とは大きく変わるのも注目したいポイントです。

空いたスペースをどう使うか
の駆け引きを観て楽しむ

また、ハーフコートに両チームで6人のプレーヤーしかいないため、プレーヤー間のスペースが広くなります。ボールマンとマークマンの1on1を楽しむと同時に、オフボールマンの広く空いたスペースへのカッティングムーブやスペースを使うためのスクリーンなど、個人やチーム間の駆け引きを楽しめるのも、3X3の魅力です。

21点のノックアウト制だから
2ポイントシュートが重要になる

**3X3ではシュートの得点が5人制とは異なる。そのメリットが最大に生きるのが
アーク外からの2ポイントシュート。期待値の考え方を理解しておこう。**

　3X3の試合時間は、ハーフタイムを挟まない10分間。公式戦では、基本的にタイムアウトもありません。さらに、21点先取のノックアウト制で行なわれるため、10分に満たない試合も多くなります。

　通常、10分間フルに試合をした場合、30〜35回の攻撃チャンスが訪れます。試合時間も短いため、その中で、いかに効率よく得点を上げていくかを考えることが非常に重要になります。そのときの指標となるのが、得点の期待値です。

3X3でロングシュートが多い
のには論理的な理由がある

　3X3の得点のシステムは、5人制のバスケットボールとは異なるため、期待値の考え方も変わります。

　5人制の場合、3ポイントライン（3X3では「アーク」と呼ぶ）内のシュートは2点、アウトサイドからのシュートは3点、フリースローが1点なのに対して、3X3ではアーク内が1点、アウトサイドが2点、フリースローが1点となります。

　つまり、5人制に比べてアウトサイドショットの期待値が高くなるのです。もちろん、シュートの距離が伸びるぶん、成功率は

低くなりますが、それを考慮したとしてもゴール近くからの1ポイントシュートと期待値はそれほど変わりません（右ページ表参照）。これが、3X3でロングシュートが多い理由です。また、3X3では、期待値が低いミドルレンジからの1ポイントシュートは、あまり打つメリットがないと考えることができます。

シュートファウルをすることで
期待値のプランが崩壊する

　期待値のところでもう一つ考えなけれ

● 3X3と5人制のシュートの期待値の比較 <small>※下記の数値は標準的なシュート成功率での概算値</small>

シュートレンジ		5人制			3X3		
		得点	成功率	期待値	得点	成功率	期待値
アーク内	ゴール近く	2pt	60%	1.2	1pt	60%	0.6
	ミドルレンジ	2pt	50%	1.0	1pt	50%	0.5
	フリースロー	2pt	70%	1.4	1pt	70%	0.7
アーク外	ロングレンジ	3pt	30%	0.9	2pt	30%	0.6
	フリースロー	3pt	70%	2.1	2pt	70%	1.4

フィールドゴールの得点期待値を見ると、5人制ではゴール近くからのシュートが最も高くなるのに対し、3X3ではゴール近くもアーク外のシュートも同じ期待値になる。シュート成功率が高まれば、アーク外からショットを狙った方が効率の良い攻撃になる。また、期待値の低いミドルレンジのシュートは無理に打つ必要はないと考えることができる。

ばならないのが、シュートに対するファウルです。特にアウトサイドのシュートに関しては、シュートファウルを取られてしまうと、シュートが決まらなくても、フリースロー2本を与えられてしまいます。

　もしシュートが決まった場合は、バスケットカウントの1ショット（3X3では「アンド1」）を与えて期待値の高いショットにしてしまいます。

　どのレンジからのシュートであっても、相手がシュートモーションに入ってからのファウルをすることは禁物です。

ノックアウト制だからこそ スピーディーな展開を楽しめる

　3X3の試合はプール戦で、1日に何試合も闘わなければなりません。さらに、得失点差や勝敗が順位に影響したり、チームポイント、個人ポイントなどに影響するため、なるべく時間をかけずに21点を取って、できるだけ点差をつけて試合に勝利することが目標となります。つまり、そのぶん、スピーディーでエキサイティングな試合を楽しむことができるのです。

身長やポジションに関係なく 誰もが試合で活躍できる

3X3は各プレーヤーの個性を生かして、どのようにも試合を組み立てられる。
誰もに活躍のチャンスがあるから、プレーを誰もが楽しめる。

バスケットボールの試合をイメージすると、どうしても高身長のプレーヤーにアドバンテージがあるように感じる人が多いことでしょう。確かにバスケットボールでは、ゴールが高い位置に設置されているので、身長が高いとゴールに近い距離からシュートを打てるというアドバンテージがあります。しかし、3X3においては、その限りではありません。

個性を生かしていかにでも
活躍できるから楽しい3X3

3人のプレーヤーがスペースで動き回ってボールを受ける3X3では、ポジションも目まぐるしく変わります。5人制のよう

にポジションごとにプレーの役割が明確に決められているわけでもありません。

確かにインサイドの局面だけ見れば、身長が高かったり、フィジカルの強いプレーヤーが有利なこともありますが、得点の期待値（P.19参照）を見ても分かるように、ゴール近くからのシュートも2ポイントシュートも期待値はあまり変わらないので、誰でも積極的に2ポイントシュートを打てるのが3X3の特徴です。

高身長プレーヤーのスキルの
偏りも3X3で解消できる

3X3ではプレーヤー間のスペースが広くなるぶん、スペースへの素早い動きや、

●誰もが気兼ねなく2ポイントシュートを打てる

　2ポイントシュートは成功率が低くなりますが、インサイドからのシュートと得点の期待値は同じになるので、チャンスさえあれば誰もが2ポイントシュートを打つことができます。それによって、ポジションに関係なく、ロングシュートのスキル向上するメリットがあります。

●ヘルプに入るかどうかも個々の状況判断

　基本的にヘルプに入らないという約束事があったとしても、ピンチと判断した場合はヘルプに入る状況もあります。そんなときには、周囲のプレーヤーも連動して空いたスペースをカバーする必要があります。コートに3人しかいないので、ポジションに関係なく、これらの判断をすることが大切です。

●スクリーンへの対応

　スクリーンでは、ディフェンスの対応によってチャンスが生まれる場所も変わります。よって、チャンスのあるプレーヤーの誰もがシュートを狙うつもりでプレーしなければなりません。これはディフェンスに関しても同じです。相手の動きや姿勢を見て、3人が連動して動くことが大切になります。

●リバウンドでは落ちたボールをスペースに弾く

　スペースを広く使える3X3では、高い位置でリバウンドを取らなくても、落ちたボールに反応してスペースに弾いたボールを味方が確保すれば、身長の低いプレーヤーでも十分にリバウンドで活躍できます。

スペースに落ちた下のボールへの働きかけなど、高身長のプレーヤーでも、身長が低いプレーヤーが得意とするプレーが求められる機会が多くなるのも事実です。つまり、3X3では、身長も個性の一つに過ぎません。

　通常、5人制では高身長のプレーヤーはインサイドのプレーが多くなりがちです。そんなこともあって、日本では高身長のオールラウンドプレーヤーが育たないとよく

言われています。

　しかし、3X3であれば身長の高いプレーヤーでも、様々なプレーをする必要があります。もちろん、どんどん2ポイントシュートを打っても構いません。身長に関係なく、自分の得意なプレーができるのが3X3の魅力です。

　高身長のプレーヤーも、積極的に3X3の試合に参加することで、スキルに偏りを作らずに上達することができます。

誰とでも試合に出られるから
3X3は育成年代に最適!!

3X3は3人集まれば誰とでもチームを組んで大会に出場できる。
チームの異なる様々なプレーヤーとプレーすることで経験値を高めよう。

　3X3は育成年代のプレーヤーの成長に非常に役立ちます。例えば、5人制のU-15の試合であれば、通常、部活やユースチーム、クラブチームなど、それぞれ日頃から一緒に練習している登録チームで大会にエントリーするのが普通です。

　しかし、3X3の場合は、これと少し異なります。

今までプレーしたことのない
プレーヤーとプレーができる

　3X3は、5人制でどのチームに登録しているかは関係ありません。登録は試合ごとなので、違う学校やクラブチームに所属しているプレーヤーと試合に出ることができるのです。

　今まで一緒にプレーしたいと思っても、別のチームのプレーヤーだと、なかなか機会がなかったことでしょう。3X3であれば、いつでもそれが実現可能です。

　普段、一緒にプレーしていないプレーヤーから刺激を受けることで、経験値も高まり、プレーの幅も広がることでしょう。

3X3は試合ごとにチーム登録できる

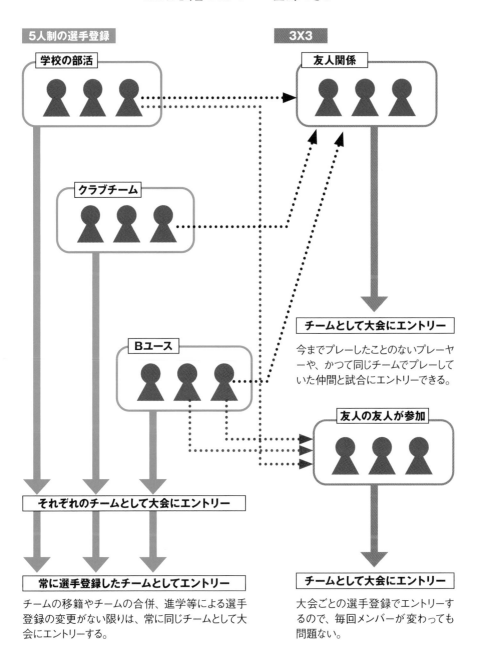

5人制の選手登録

学校の部活

クラブチーム

Bユース

それぞれのチームとして大会にエントリー

常に選手登録したチームとしてエントリー

チームの移籍やチームの合併、進学等による選手登録の変更がない限りは、常に同じチームとして大会にエントリーする。

3X3

友人関係

チームとして大会にエントリー

今までプレーしたことのないプレーヤーや、かつて同じチームでプレーしていた仲間と試合にエントリーできる。

友人の友人が参加

チームとして大会にエントリー

大会ごとの選手登録でエントリーするので、毎回メンバーが変わっても問題ない。

個々のプレーヤーの判断で
プレーを組み立てられる

相手のプレーを予測して、ベストのプレーを臨機応変に選択する。
3X3で5人制の実戦でも求められる判断力を身につける。

観て楽しむ

プレーして楽しむ

効率よく上達できる

　どのチームでも、5人制のセットオフェンスなどの戦術的なコンビネーションプレーの練習をしていると思います。しかし、試合になるとなかなか練習してきたプレーができないことも多いのではないでしょうか。セットオフェンスとはいえ、形をなぞるだけでは、相手が想定外の動きをしたときに、自分の役割がわからなくなっ

てしまうのです。このような、状況に応じた判断力を身につけるのに最適なのが3X3です。

プレーの自由度が高いぶん
判断力が必要とされる

　スペースが広く、状況が目まぐるしく変わる3X3では、3人のプレーヤーの個々

スクリーンディフェンスへの対応例

●ディフェンスがスイッチ → スクリーナーのダイブ

●ディフェンスがスライド → ステップバックシュート

●ディフェンスがファイトオーバー → スクリーナーのステップアウト

の判断力が重要になります。

　3X3は5人制と比べると戦略がシンプルなため、プレーの自由度がかなり高くなります。試合中のベンチからの指示もないので、控え選手も含めた4人に全ての判断が託されます。

　例えば、オフェンスであれば、どこにチャンスがあるのか、空いたスペースをどのように使うか、どのようにスペースを作るかなど、チームメイトのプレーの意図を理解したうえで、自分のプレーを選択する必要があります。

　3X3を通じて判断力を磨き、状況に応じたプレーの選択ができるようになれば、5人制でもそのスキルを生かした1ランク上のプレーができるようになります。

5人制に比べてシュートを
打つ機会がたくさん訪れる

5人制に比べてシュートをたくさん打てるのが3X3の魅力の一つ。
チャンスがあればためらわずにシュートを狙っていいからプレーが楽しくなる。

プレーヤー1人あたりの平均シュート数

競技種目 （試合時間）	1試合の 平均シュート数	プレーヤー の数	1人当たりの 平均シュート数
5人制 （40分）	80回 10分間の換算値 20回	5人 ※選手交代をした 場合は6人以上	4回 ※選手交代をした 場合は4回未満
3人制 （10分）	35回	4人	8〜9回

　もし、5人制を10分間プレーしたら、5人全員にシュートを打つチャンスが訪れるでしょうか？

シュートチャンスが3人の
プレーヤーに均等に訪れる

　3X3では、12秒以内にシュートを打たなければならないため、長い時間ボールを持っていることは自然と短くなります。そのぶん、プレーヤー全員にボールがシェアされるため、一人一人のシュートの機会も多くなります。

　単純に計算すると、5人制では40分間の試合時間内に約80回の攻撃機会が得られます。これを10分間にすると約20回になります。もし、5人に均等にシュートチャンスがあれば1試合で約4回シュートを打てる計算になります。実際は、交代があるので4回未満になります。

　それに対して、3X3の10分間での平均攻撃回数は約35回です。これを4人のプレーヤーで計算すると1人に8〜9回のシ

観て楽しむ

プレーして楽しむ

効率よく上達できる

3X3の様々なシュートシチュエーション

●アウトサイドのスペースでフリーになってシュート

ショットクロックが12秒間なので、ズレができたら積極的にシュートを狙っていいから、シュート機会が多くなる。

●スペースにドライブイン

●インサイドへのダイブからシュート

●マークマンのタイミングを外す

ュートチャンスが訪れるということになります。単純に5人制の倍のシュートが打てるのです。

　実戦の中でシュートをたくさん打てるということは、プレーが楽しいのはもちろん、短時間で多くの経験値を積むことにも繋がります。

3X3の競技特性はストリートバスケや3on3とは全く異なる

　3人制のバスケットボールというと、ス

トリートバスケや3on3をイメージして、ドリブルの上手いプレーヤーがずっとシュートを打ち続けるイメージを持つ人も多いようです。

　しかし、3X3は違います。むしろ、パス＆カットを基本に3人で均等にボールをシェアする競技が3X3です。

3X3をプレーすると局面に
おける駆け引きが上達する!!

3X3では、シンプルな攻撃で得点を積み重ねることが大切。
シンプルな攻撃だけに、続けていくことで相手との駆け引きが上手になる。

観て楽しむ

プレーして楽しむ

効率よく上達できる

　3X3の攻撃はシンプルで、1対1、2対2、3対3で構成されます。

3X3では「生きた1対1」が
自然に身につく

　3X3では、短い時間の中でいかに効率的に攻めるかが大切です。となると、単なる正面に対峙したところからの1on1ではなく、ボールを受ける前に、ディフェンスとのズレをどう作るかを考えるようになります。ただの1on1よりも、ずっと生きた

1対1の能力が必要になります。

2対2や3対3でも常に
考えたプレーをするようになる

　2対2のプレーの代表がピック＆ロールです。ピック＆ロールのときも、「ディフェンスがこう対応するなら、このスペースに攻めよう」という意識が芽生えます。

　3対3のプレーとしてはオフボールスクリーンなどが挙げられますが、3人になっても考えたプレーが必要になるのは同じ

●「生きた1対1」の例：パスアウトからのドライブ

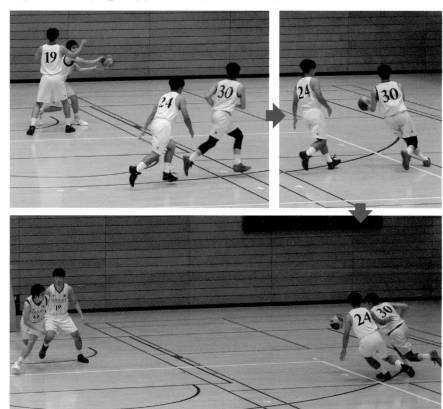

レシーバーが空いたスペースにカットして、ディフェンダーとのズレを作ってパスをキャッチ&ドライブ。

です。

3X3を通じて、5人制の局面での駆け引きも上達する

　3X3では、5人制の複雑なセットオフェンスやゾーンディフェンスなどをしようとしても、人数も時間も足りません。

　できるプレーが限られてシンプルになるぶん、プレーをよく理解して考えるようになります。これが、3X3をやると局面の駆け引きが上達する理由です。

●2対2の局面「ピック&ロール」

ピック&ロールでもディフェンスの対応を見ながら駆け引きをすることが大切。

マンツーマンディフェンスしか ないからスキルが上達する

育成年代ではゾーンディフェンスが禁止されているので、 攻守ともに慣れていない「アウトサイドシュート」に慣れていこう。

日本ではU-15まではゾーンディフェンスが禁止されているため、試合の中でアウトサイドシュートを打つ機会があまりありません。

U-18の地方大会などを見ていても、アウトサイドシュートを得意としていないチームは、ゾーンディフェンスをされると攻め手を失って厳しい様子です。

3X3ではアーク外からの 2ポイントを積極的に狙う

3X3は、アークの内側のショットが1点なのに対して、アーク外からのシュートは2点です。これは5人制なら1本のロングシュートで4点取れるということになります。であれば、2ポイントシュートを狙わない理由はありません。

さらにショットクロックが12秒なので、少しでもチャンスがあればシュートを打っていけるため、積極的に2ポイントシュートを打つことができます。

ディフェンスは2ポイントを 打たせないことが大切

この2ポイントシュートがよく決まるので、ディフェンスはこれを止めに行かないとな

らないのです。どこかでドライブが起きて、ヘルプに入ると、キックアウトパスからの2ポイントシュートを狙われます。

2ポイントシュートを止めないといけないので、うかつにヘルプに入れない。だから、自分のマークマンをしっかり守ることが大切になるのです。

●マークマンをしっかりマークする

3X3はマンツーマンディフェンス。自分のマークマンをしっかり守ることで2ポイントシュートを打たせないことが大切。

●2ポイントシュートに対するヘルプ

ボールマンのマークが遅れてヘルプに入ると完全にフリーなプレーヤーができてしまう。

●ディフェンダーのジャンプのタイミングが早いと外される

2ポイントシュートに対してジャンプのタイミングが早すぎるとタイミングを外して打たれてしまう。

控えメンバーなし、
4人で協力して試合を闘う

**5人制ではなかなか出場機会のないプレーヤーも、3人集まればエントリーできる。
3X3は上達したいプレーヤーにとっても最適の競技と言える。**

観て楽しむ

3X3には、5人制のようなコート外のベンチはありません。控えメンバーはコート内の椅子に座って、チェックボールのタイミングで、選手の意思で自由に交代することが可能です。

3X3であれば
全てのメンバーに
出場機会を作れる

プレーして楽しむ

近年、JBAや各都道府県の協会などが、全手のプレーヤーが試合に出る機会を持つように推奨していますが、試合の勝敗を考えると、現実はそうも行かないことが多いと考えている指導者も多いのではないでしょうか。

3X3では、そんな心配は無用です。メンバーが6人いれば2チームで、20人いれば5～6チームでエントリーすれば、全てのメンバーがプレー可能になります。

5人制で控えメンバーに甘んじている選手にとって、練習を頑張ってスタメンを取ることも大事ですが、せっかくバスケットボールをしているのであれば、試合に

効率よく上達できる

出た方が楽しいのは言うまでもありません。

中学や高校の陸上部で大会に出たことのない選手はいないはずです。3年間、真面目に練習を頑張ってきて、試合に出ずに引退するなどということは、個人種目ではありえません。

今まで活躍の機会があまりなかったプレーヤーでも、積極的に3X3の試合にエントリーして、スタメンチームに勝利するのを目指すのもいいのではないでしょうか。それが可能なのが3X3なのです。

5人制の同じチームからでも複数チームで参加できる

5人制のチーム

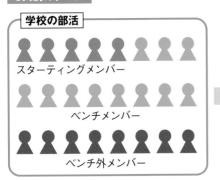

学校の部活

スターティングメンバー

ベンチメンバー

ベンチ外メンバー

バスケットボールのメンバーの人数はスタメンも含めて、10〜15人。例えば、NBAは13人、Bリーグは10〜12人。リーグや大会によって人数設定は変わる。

3X3のチーム

チームA

チームB

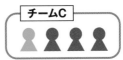

チームC

3X3は3〜4人でエントリーできるため、同じ5人制チームから複数のチーム参加が可能。

試合中の指示は不要。顧問は引率だけでもOK

3X3は試合中のベンチからの指示は禁止。タイムアウトのタイミングもプレーヤーたちの判断で戦術を決めるので、複雑なバスケットボールの采配が苦手な顧問の先生なども、会場への引率だけでいいので、学校の部活向きの競技と言える。

実は3X3は学校の部活にも最適な競技ってホント!?

3X3は実は学校の部活にも最適な競技と言えます。

5人制のバスケットボールは、ベンチの采配が勝敗に大きく影響します。しかし、

3X3は試合中のベンチからの指示は禁止されているので、顧問の先生はバスケットボールの指導が苦手でも、試合に帯同するだけでいいのです。

技術や戦術が分からなくても、意欲のあるプレーヤーは、スクールやクラブチームで身につけてくることでしょう。

3X3で自ら行動する力と考える力を修得できる

3X3では自らの行動力が非常に大切な要素となります。自分で考えてプレーし、その結果を次に生かすまでのプロセスが身につくのも3X3のメリットです。

3X3では、試合が開始した瞬間からコーチは一切指示を出せなくなります。助言があったと見なされると反則を取られてしまいます。

試合の勝敗を含めて全ての責任はプレーヤーにある

試合中にどんな状況になっても、自分たちで考えて、自分たちで解決していかなければなりません。言い換えると、その結果がどうなろうと、全てプレーヤーの責任ということになります。

試合に勝ちたいのであれば、個々の判断力を自分で高めていかなければいけません。

原因の究明と課題の解決がステップアップへの近道

だから、もし試合に負けたとしても、その結果を他人のせいにはできません。ま

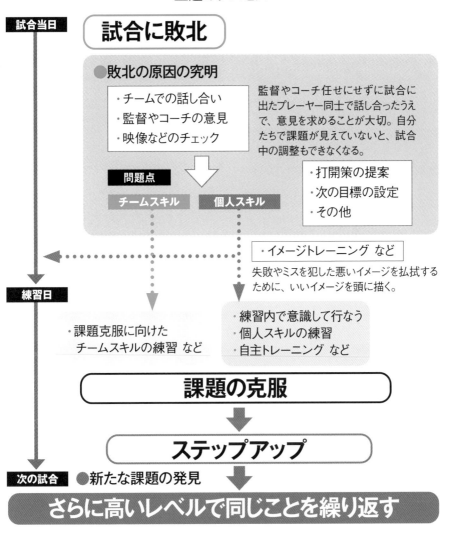

上達のプロセス

試合当日

試合に敗北

●敗北の原因の究明

- ・チームでの話し合い
- ・監督やコーチの意見
- ・映像などのチェック

監督やコーチ任せにせずに試合に出たプレーヤー同士で話し合ったうえで、意見を求めることが大切。自分たちで課題が見えていないと、試合中の調整もできなくなる。

問題点

チームスキル　**個人スキル**

- ・打開策の提案
- ・次の目標の設定
- ・その他

・イメージトレーニング　など

失敗やミスを犯した悪いイメージを払拭するために、いいイメージを頭に描く。

練習日

・課題克服に向けた
　チームスキルの練習　など

・練習内で意識して行なう
・個人スキルの練習
・自主トレーニング　など

課題の克服

ステップアップ

次の試合　●新たな課題の発見

さらに高いレベルで同じことを繰り返す

ずは現実を受け止めて、敗北の原因を理解することが大切です。

上手くいかなかったプレーやミスをずると引きずる必要はありませんが、その原因をなくすためには次に何をするべきかを考え、問題点を克服していくしかないのです。

実は、これは一流プレーヤーになるためには一番大事なことで、トッププレーヤーたちにとっては試合後のルーティンとして担っていることなのです。

コミュニケーション能力は
リーダーの資質に直結する

**3X3におけるプレーヤー同士のコミュニケーションは非常に大切。
リーダーの資質としてもコミュニケーション能力は非常に重要とされる。**

3X3では、臨機応変に自分で判断する能力が必要なのは、先に触れた通りです。では、チームメイトにそれを伝えるにはどうすれば良いでしょう。

周囲のプレーヤーが自分と同じ考えというわけではない

もし、周囲のプレーヤーが自分の意図を察して、連動した動きをしてくれれば問題ありません。しかし、アイコンタクトをしても、その意味を理解してくれないプレーヤーであればどうでしょう。

育成年代で、上手いプレーヤーが下手なプレーヤーにイライラしたり、罵倒や叱責をする光景をよく見かけます。このようなシーンは、3X3でも見られます。

しかし、3X3でこのようなプレーヤーと一緒にやりたいと思うプレーヤーがいるでしょうか。というのも、3X3であれば、自分以外に2人いれ

ば、試合に出られるので、このようなプレーヤーとわざわざチームを組みたいとは誰も思わないでしょう。

「孤立」することもリーダーシップを育む過程の一つ

しかし、一度は孤立した経験を持つことも重要です。なぜ周囲のプレーヤーと信頼関係を築けなかったかを考える機会になるからです。相手の立場で考える、言葉のかけ方を考える、人を動かすにはどうすればよいかを考える。これらはリーダーになるための第一歩です。

育成世代に、身をもってこの苦い経験を味わっておくことが、リーダーの資質を育むうえで役立つことでしょう。

Part 2
勝つための要素と
3×3の戦術とスキル

3X3に必要な6つの能力を バランスよく身につけよう

**実戦で「生きたプレー」をするために5人制との競技特性の違いを理解し、
3X3に求められる能力をバランスよく身につけていこう。**

3X3に必要な能力は、基本的には5人制のバスケットボールと同じです。

アメリカのNBAでは、プレーヤーの平均身長が約2メートル、日本のBリーグでも平均身長は約190センチ、身長が高いことはバスケットボールでは大きな武器となることには間違いありません。

しかし、身長が高いだけでは通用しないということは、3X3の試合を見ればわかります。

ポジションごとの役割分担が ないのが3X3の特徴

3X3では5人制のようにインサイドとアウトサイドのポジションの区別はありません。個々のプレーヤーによって得意不得意はあるにせよ、「総合力の高さ」

を身につけることが大切です。

身長が高いプレーヤーであっても、ボールハンドリングの技術や俊敏性、持久力など、総合的な能力が伴っていることが求められます。

スキルだけに磨きをかけても 活躍できるとは限らない

5人制の試合を見ていると、小柄な選手がキレのあるドリブルや華麗なパス、シュート能力を生かして活躍しているシーンを目にします。

多くの人が、シュートのスキルを高めよう、ドリブルスキルを磨いて相手を抜き去ろうと、スキルの上達を目指します。しかし、いくらスキルを高めても、ある程度のレベルになると、それを実戦に生かすことが難しくなります。

「生きたプレー」を身につける には高い判断力が必要となる

実戦では、必ずディフェンスがいます。常にノーマークの状態で好き放題やれるわけでもなければ、1on1ができるわけでもありません。

そこで大切になるのが「判断力」です。

目の前のマークマンを破るために駆け引きが必要なように、相手チームとの駆け引きに勝つための判断力が必要になります。特に3X3の場合は、ポジションによる役割分担がないぶん、コート上の全てのプレーヤーに判断力が必要とされるのです。

戦術を正しく理解することが状況判断の一助となる

そして、駆け引きをするために必要なのが戦術の理解です。

3X3では5人制のようなゾーンディフェンスもなく、身長による役割も決まっていないため、考え方は非常にシンプルです。

試合の目的は相手より多くの点を取って勝つことですから、ボールマンは打てるのであれば、積極的にシュートを狙いましょう。

オフボールのときは、味方のサポートをすることです。ディフェンダーが安全にヘルプに入れないポジションを取って、ボールマンの動きに連動して、フリーでパスを受けられるポジションに移動すればいいのです。

この基本を正しく理解できていれば、複雑なプレーに対しても、自分が何をすれば良いかが分かるようになります。

6つの能力をバランスよく身につけることで総合力が高まる

3X3に必要とされる「総合力」をまとめると、

①身体能力
②スキル
③判断力
④戦術の理解
⑤メンタリティー
⑥ソーシャルスキル

の6つに集約されます。

これら6つの能力をバランスよく高めていくことで実戦に生きるプレーができるようになります。

①身体能力

なると、成功率が下がり、期待値が一気に低くなります。3X3では、期待値の低いシュートはあまり必要とされていないのです。

であれば、スペースを動き回って、外から打てるプレーヤーの方が試合で活躍できるのです。

休める時間が少ないから 10分間動き回れる体力が必要

3X3は、得点後のスローインがなく、ボールに触れたところからすぐにショットクロックがカウントされます。さらに、その時間は12秒間。

攻撃が終わった瞬間から、パスアウトにプレッシャーをかけていかなければなりません。

これはオフボールマンにとっても同じです。シュートが決まった瞬間に自分のマークマンをピックアップして、パスをディナイしないと、パスアウトされて簡単に得点されてしまいます。となると、休む時間がないということです。

試合時間は10分間ですが、試合終了までフルに走り回らないといけません。タイムアウトも少ないので、体力を回復するためには交代するしかありません。

交代できるプレーヤーは1人のみなので、スタミナ切れで後半に失速しないためにも、プレーヤー全員にある程度の体力が必要となります。

3X3で身長の高いプレーヤー が活躍できるとは限らない

3X3では、必ずしも身長の高いプレーヤーが有利とは限りません。身長が低いから5人制で控えに回っていたプレーヤーでも、スキルさえあれば活躍できるのが3X3です。

得点の期待値が高い、アーク外からの2ポイントシュートを打つ機会が多くなる3X3では、必ずしもポストプレーに突出したプレーヤーが必要なわけではありません。

ビッグマンであっても、マークされていたら必ずしもゴール下からシュートを打てるわけではありません。ゴールから少し離れたミドルレンジのシュートに

② スキル

3X3のプレーに必要とされるスキルは基本的には5人制と同じです。3X3のみに必要とされる特別なスキルはありません。

普段、5人制のチームで行なっているファンダメンタルをそのまま3X3にも適用できます。これはディフェンスに関しても同じです。

ただし、5人制とはゲーム特性が異なるため、試合に生かすことができるスキルは少し異なります。

本書では、3X3の試合で役立ついくつかのスキルを紹介していきます。(P.85参照)

● ユーロステップ
P.86参照

● ステップバックシュート
P.88参照

● ポンプフェイク
P.92参照

● ワンハンドパス
P.94参照

● オフドリブルパス
P.96参照

③判断力

　3X3では12秒間でシュートまで持ち込まなければならないため、ボールを持ったら止めずに、できるだけ動かすことが基本です。そこで大切になるのが判断力です。

確実に得点するためには瞬時に状況を判断する能力が大切

　ドライブの途中でヘルプが起きて2対1になったときにそのままシュートまで持ち込めるのか、フリーになった味方プレーヤーにキックアウトするのかなど、瞬時の判断が求められます。

　判断力が求められるのはオフボールマンも同じです。ボールマンがドライブを開始したときに、ドライブコースを妨げずにパスを受けられるためには、自分がどこのポジションに移動するべきかで、ドライブに対する合わせの動きをしなければなりません。

　これはスクリーンをセットしたときのかけ引きでも同じです。スクリーンに対して相手チームがどのような対応をしてくるのか、それによって味方のどのプレーヤーにチャンスが生まれるのかの判断が必要です。

判断力を高めるには広い視野とファンダメンタルスキルが重要

　状況を正しく判断するためには、常に広い視野を持ってプレーする必要が

あります。それにはファンダメンタルスキルも必要です。

　例えば、ドリブル中に視野を保つためには、頭を上げたままでボールをコントロールするハンドリングスキルが必要になります。

コミュニケーションと事前の情報取集を判断に役立てる

　視野の外からの動きに対しては、味方同士のコミュニケーションスキルも大切です。また、ヘルプの有無やスクリーン対応に関しても、事前に相手チームのスカウティングをしておくことで、あらかじめ予測が立てられるようになります。

　これらの様々な要素があって、瞬時に的確な判断ができるようになることを忘れないようにしましょう。

④戦術の理解

　5人制の強豪チームのプレーヤーが3X3の大会に出場しても、なかなか勝つのは難しいものです。競技の特性を理解していなければ、能力の高いプレーヤーでもそのスキルを生かせません。

　プレーヤーは3X3の競技特性を正しく理解し、戦術を正しく理解しておくことが大切です。

3X3の競技特性の理解が
戦術理解の第1歩

　3X3の基本的な考え方は、広いスペースを有効に使って、得点期待値の高いアーク外からの2ポイントシュートで効率よく得点を積み重ねていくことです。

　そのためには、スペースを狭めないためのスペーシングの動きや、インサイド

にステイせずにダイブするスペースを作る、相手の対応によってスクリーンのどこにチャンスが生まれるかなど、3X3の基本的な戦術を理解しておく必要があります。

試合ごとの戦術をチーム内で
共有しておくことが大切

　試合ごとの戦術に関しても、チームで共有しておくことが大切です。

　スカウティングで得た情報をもとに、どこでミスマッチを作って攻撃するか、そのためには誰にどのようなスクリーンをセットすればいいのか、リバウンドはどうするか、どんな攻撃を仕掛けていくかをチーム内で話し合って共有しておきましょう。

⑤メンタリティー

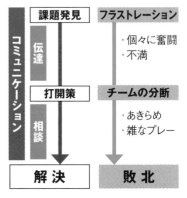

主体性の あるチーム	主体性の ないチーム
試合中に問題が発生	

問題例
●準備してきたプレーがうまくいかない
●レフェリーの基準が分からない

コミュニケーション	課題発見	フラストレーション
	伝達	・個々に奮闘 ・不満
	打開策	チームの分断
	相談	・あきらめ ・雑なプレー
	解 決	**敗 北**

　3X3では、試合中のコーチングが禁止されているため、コート上の4人のプレーヤーの一人一人が主体性を持ってプレーすることが大切です。

試合中に冷静に状況を 把握して課題を見つける

　試合中に何か問題が起きたときに、プレーヤーが自ら課題を見つけ、他のプレーヤーたちとコミュニケーションをとって、自分たちで解決していかなければなりません。

　特に、自分たちが準備してきたプレーが思うようにできない場合や、レフェリーのマネジメントができないときなど、何も対処せずにプレーを続けていれば、フラストレーションがたまって状況はさらに悪化してしまいます。各プレーヤーの考えがまとまらないことで、プレーが雑になったり、あきらめなどにつながってしまいます。

最後まで試合をあきらめない 「忍耐力」を持つことが大切

　このようなときに大切なのが「忍耐力」です。粘り強く課題を見つけ、それをチーム内で共有し、どうすれば良いかを考えていく必要があります。このとき大切になるのが、次に紹介するソーシャルスキルとなります。

⑥ソーシャルスキル

ソーシャルスキル	
GOOD	BAD
問題提起	
INPUT	
●何が起きているか	●なぜ起きているか
リーダーシップ	リーダー
●何がよくないか	●問題となるプレーや
●なぜそうなるか	プレーヤーを叱責
	●理由を問い詰める
課題の共有	↓
打開策の提案	フォロワー
OUTPUT	●プライドの喪失
フォロワーシップ	●不満
●前向きに検討	●反発
	●モチベーション低下
課題の共有	OUTPUTなし

練習中に限らず試合の中でも、常にチーム内でコミュニケーションをとりながらプレーすることが大切です。

試合中に課題を見つけ、コミュニケーションをとる必要に関しては、メンタリティーのところで述べた通りです。そのコミュニケーションを通じて、仲間と上手く接していい関係を作るために必要になるのが「ソーシャルスキル」です。

正しいリーダーシップと同時に
フォロワーシップも重要

ここで大切になるのが、「リーダーシップ」と「フォロワーシップ」です。課題を提起する側には、チーム全員にそれを共感させるためのリーダーシップが必要であると同時に、聞く側もそれを正しく認識するためのフォロワーシップが必要となります。

声をかけるだけでなく
その内容や声のかけ方も重要

このときポイントとなるのがソーシャルスキルです。同じ内容のことを伝えるときでも、言葉かけの方法や態度によって、受け止め方が変わってきます。

例えば、問題を提起するときに、常に「何で○○なんだ」とインプットされるだけでは、受け手側もどうコミュニケーションをとればいいかが分からなくなってしまいます。まず、何が起きているか、その理由を明らかにしたうえで、次に何をすればよいかを明確にすることが、チーム内で課題を共有して同じ方向に向かって行くことにつながります。

3X3の試合の流れでは 6つのフェーズがくり返される

バスケットボールの試合では6つの局面が10分間くり返される。
3X3と5人制の大きな違いはトランジションにある。

　3X3の試合の流れは、最初のコイントスでオフェンスから始まるとすれば、①オフェンス→（②オフェンスリバウンド）→③トランジションディフェンス→④ディフェンス→（⑤ディフェンスリバウンド）→⑥トランジションオフェンス→オフェンス、の流れになり、基本的には、この流れが10分間続きます。

リバウンドに行かない場合は そのままトランジションに移行

　オフェンスリバウンドに成功すればオ

フェンスシチュエーション（②→⑥トランジションオフェンス）が継続され、ディフェンスリバウンドに失敗するとディフェンスシチュエーション（⑤ディフェンスリバウンド→③トランジションディフェンス）が継続されます。

　リバウンドに関しては、戦略によって意図的に行くチームと行かないチームがあります。また、シュートが決まった場合は、リバウンドの必要がないので、そのままトランジションに移行します。

●トランジションオフェンス

P.54参照

シュートを決められた後やディフェンスリバウンド
の確保後から始まるオフェンス。

●チェックボールプレー

P.68参照

ファウルやボールが外に出た場合、チェックボ
ールでセットプレーからオフェンスが始まる。

オフェンス

**トランジション
オフェンス**

成功

**オフェンス
リバウンド**

3X3の
試合の流れ

このループが
10分間継続される

**ディフェンス
リバウンド**

失敗

**トランジション
ディフェンス**

ディフェンス

P.114参照

ディフェンスリバウンドを確
保、もしくはシュートを決め
られた場合、トランジショ
ンオフェンスに移行する。

●ディフェンス

相手にオフェンスリバウン
ドを確保されたところから
ディフェンスが始まる。

トランジションを制するものが 3X3の試合を制する

6つの局面の中で最も重要なのが攻守が入れ替わるトランジションピリオド。
トランジションを制することで、相手より多くの得点チャンスが生まれる。

3X3の1試合の平均攻撃回数は30〜35回なので、前ページのループが30回以上続くことになります。これは5人制も同じですが、大きく異なるポイントはトランジションピリオド（③⑥）です。

5人制のトランジションが単なるフロントコートへのボールダウンであるのに対して、ハーフコートで行なう3X3では、ゴールと逆方向に向かってのボールダウン（ボールアウト）となります。

ボールを1度アーク外に出してから、再度ゴールに向かって攻撃します。トランジション後に攻守の方向が反転するのが3X3の最大の特徴でもあり、このピリオドで何を行なうかが、試合を制するためのポイントともなります。

①オフェンス

3X3のオフェンスは、リバウンド後やゴールを決められた後のトランジションオフェンスと、チェックボールからのオフェンスの2種類があります。

トランジションオフェンスは、非常に流動的で状況に左右されやすく、状況判断の能力が問われる局面になります。

それに対してチェックボールオフェンスは、マークマンがついた状況から始まるオフェンスで、あらかじめ準備したプレーができる局面です。

本書では、この2つを区別するために、「トランジションオフェンス(P.54参照)」と「チェックボールプレー (P.68参照)」として解説していきます。

②オフェンスリバウンド

オフェンスリバウンドに対しては2つの考え方があります。

オフェンスリバウンドに行くことでボールを確保すれば、再びオフェンスを継続することができます。

それとは逆に、相手にボールを確保されてディフェンスになったときの、マークマンのピックアップを考えて、チームとして積極的にリバウンドに行かないという選択肢もあります。

③トランジションディフェンス

シュートが決まった後や、リバウンドを相手チームに確保された後に、オフェンスからディフェンスに移行する局面がトランジションディフェンスです。

まず、ボールアウトに対して守らなければならないので、ボールに対するプレッシャーと、マークマンの素早いピックアップが重要になります。

④ディフェンス

ディフェンスに関しては、ディフェンストランジションから始まる場合とセットプレーから始まる場合の2つの局面があります。3人のプレーヤーが自由に動き回る3X3では、5人制のようなゾーンディフェンスはありません。

オフェンスプレーヤーの動きや戦術に合わせて、その対応も変わるため、

本書ではディフェンスに必要なスキルに関して紹介していきます。

⑤ディフェンスリバウンド

3X3では、アーク外からのシュートが多くなるため、大きく弾むリバウンドが多くなるのが特徴です。ゴール近くのプレーヤーはボックスアウトが基本になりますが、アウトサイドにいるプレーヤーが積極的にリバウンドに行くか行かないかは、そのメリットとデメリットを考えて、チームによって異なります。

⑥トランジションオフェンス

シュートを決められた後や、リバウンドを確保した後に、ディフェンスからオフェンスに移行する局面がトランジションオフェンスです。

ボールに触れた瞬間から12秒間のショットクロックがカウントされるため、時間をかけずにパスアウトするのが理想です。パスアウトができない場合はドリブルアウトからのオフェンスになります。

スペースを生かすための
スペーシングの基本

3X3の攻撃の基本は広いスペースを使ってズレを作ってシンプルに攻めること。
スペースを作るための基本的な動きを覚えておこう。

3X3でスペースを有効に使うためには、そこにスペースがある必要があります。そのために大切なのが、ドライブが起きたときにスペースを作るためのオフボールマンの「合わせの動き」です。

「ドラッグ」と「ホイールアクション」でドライブコースを確保する

ボールマンがドライブを開始したときに、周囲のプレーヤーが最初に気をつけなければならないのが、ドライブコースに入って、ドライブを妨げないこと。

その動きの基本となるのは「ホイールアクション」と「ドラッグ」の2つです。

「ホイールアクション」とは、ドライブのスペースを作るためにボールマンのいたポジションと入れ替わるように回転して移動する動きです。

それに対して、ドライブのスペースを空けつつ、パスを受けられるポジションに移動するのが「ドリフト」です。

それ以外のドライブに対する「合わせの動き」としては、ドライブコースに合わせてパスを受けられるポジションに移動する「ドラッグ」、ドライブを追いかける「トレイル」、ポストに向かった「ダイブ」などが加わります。

ポジションやドライブコースによってカットコースが変わる

合わせの動きは、ドライブを開始するポジションや、ドライブコースによって変わります。3X3では期待値の高いアーク外のシュートを狙うことが多いので、ドライブに対してはアウトサイドのスペースに移動することが多くなります。

3X3の「合わせの動き」の例

ウイングからのベースラインドライブ ①

❶がドライブを開始。逆サイドの❷はトップにトレイル、インサイドの❸はコーナーにドラッグしてコースを空ける。

ウイングからのベースラインドライブ ②

❶がドライブを開始。逆サイドの❷はコーナーにドリフト、インサイドの❸はホイールアクションでトップに移動する。

ウイングからのミドルドライブ

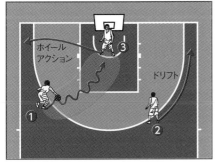

❶がドライブを開始。逆サイドの❷はコーナーにドリフト、インサイドの❸はホイールアクションでコーナーに移動する。

トップからのドライブ

❶がドライブを開始。ウイングポジションの❷はコーナーにドリフト、コーナーの❸はトップにトレイルする。

コーナーからのドライブ

❶がドライブを開始。❷はコーナーにドリフト、インサイドの❸はホイールアクションでコーナーに移動する。

オフボールスクリーンからのダイブ

❶がポストフィード。❷が❶に対してスクリーンをセットしたところからダイブ。パスが入らなければコーナーにドラッグする。

51

空き時間のスカウティングで相手チームの情報を収集する

大会ごとにメンバー登録を行なう3X3では、相手のチームがどんなプレーをするのか事前に知ることができないから、当日のスカウティングが重要になる。

　　3X3ではスカウティングが非常に大切です。3X3は大会ごとにチーム登録をするため、試合当日のメンバーによってチーム特性も変わります。いつも同じメンバーで出場するチームに関しては、どのようなプレーをするか想像できるかもしれませんが、その大会のみのメンバー構成のチームに関しては、事前の情報が何もありません。

　　そこで大切になるのが、当日のスカウティングです。

相手チームの特徴を知ることでゲームプランを組み立てる

　　通常、試合は3〜6チームのプール戦で行われるため、試合前や試合間の時間に、自分たちが対戦するチームの試合を見て、スカウティングをしておきましょう。

　　スカウティングのポイントとしては、まずどんなプレーヤーが出場するのかを知る必要があります。

　　身長やスピードなどの身体能力、シュートの成功率、スキルレベル、得意なプレーや各プレーヤーの癖、なども知っておくと対応しやすくなります。

ポジションやドライブコースによってカットコースが変わる

　　また、チームとしてどのようなプレーを仕掛けてくるのか、どのプレーヤーがキーとなっているか、スクリーンプレーやスクリーンへの対応など、勝つために必要な情報を事前にチェックしておきましょう。

　　スカウティングは、人に任せるのではなく、参加するプレーヤー全員で行なうことが大切です。事前に相手チームの戦略などを確認しておくことで、スムーズに試合に入ることができます。

試合前にスカウティングしておきたい項目例

●各プレーヤー(個人)のスカウティング

スカウティングのポイント	イメージするポイント
●身長やスピード	●マッチアップしたときにミスマッチがどこに生じるか。
●2ポイントシュート成功率	●どのプレーヤーを外でフリーにすると危険か。 ●打たせるならどのプレーヤーに打たせるか。
●1ポイントシュート成功率	●1試合における1ポイントの得点はどのくらいか。 ●どのプレーヤーがインサイドの得点を狙うことが多いか。
●スキルレベル	●得意なプレーと苦手なプレーは何か。 ●非利き腕のプレーがどの程度できるか。 ●どのプレーヤーのどのプレーにプレッシャーをかけるとミスが期待できるか。
●プレーの癖	●フェイントのかけ方やシュート前に次のプレーを予測できる癖はあるか。 ●左利きのプレーヤーがいるかどうか。
●試合後半のスタミナ	●どの程度のパフォーマンスの低下が見込めるか。

●チームプレーのスカウティング

スカウティングのポイント	イメージするポイント
●スクリーンの種類	●どんなスクリーンをセットするか。 ●スクリーナーに癖はあるか。 ●スクリーンにはどう対応するか。また、そのときの特徴はあるか。 ●ハンドオフプレーはあるか。
●リバウンド	●オフェンスリバウンドに来るか。 ●リバウンドを取れなかったときのマークマンのピックアップは早いか。
●ディフェンストランジション	●パスアウトに対するプレッシャーは強いか。 ●マークマンのピックアップは早いか。 ●ラン&ジャンプで跳ぶタイミングはどうか。
●ヘルプorノーヘルプ	●ディフェンスが破られたときにヘルプに入るか。
●ファウルの頻度	●チーム全体でどの程度ファウルをしてくるか。

トランジションオフェンスを制するためのポイント

**オフェンストランジションでは、時間をかけずに素早くパスアウトすることで、
3X3ならではのポジションのアドバンテージを生かせる。**

3X3では、ディフェンスからオフェンスに切り替わるトランジションの瞬間に最大のチャンスが訪れます。

相手がシュートを打った瞬間は、ディフェンスをしているため、マークマンよりゴールに近いポジションにいます。ボールの所有権が変わったところで素早くパスアウトができれば、マークマンよりゴールに近いポジションでボールを受けることができるのです。

この優位性を生かして、期待値の高い2ポイントシュートを打つことができれば、試合の主導権を握ることができます。

そのためにも広いスペースを使ってボ

ールを動かし、アウトサイドにチャンスが生まれなければインサイドでポイントを積み上げていくことが大切になります。

オフェンストランジションのポイント

● ボールを確保したら素早くパスアウトする。

● シュートを成功率で判断せずに、期待値の高い2ポイントシュートを狙う。

● スペースを使ってボールを積極的に動かす。

● ミスマッチを生かして1on1で勝負する。

● ポストプレーからフィニッシュできるスキル、体格の優位性など、ペイントエリアでプレーするためのポストアップ能力。

POINT 1 素早いパスアウトでチャンスが広がる

　トランジションでは、ディフェンスの準備ができる前に、時間をかけずに素早くパスアウトすることでチャンスが生まれます。

　パスができずにドリブルアウトになってしまうと、ディフェンスに準備の時間を与えるだけでなく、攻撃に使える時間も短くなってしまいます。

POINT 2 積極的に2ポイントシュートを狙う

　3X3では、成功率の高いインサイドの1ポイントを狙うよりも、成功率は落ちても期待値としては変わりのない2ポイントシュートを積極的に狙うのが得策です。

　もっとも期待値の低いミドルレンジの1ポイントシュートは避け、アウトサイドが難しいなら、ゴール近くの確率の高いシュートに切り替えることが大切です。

POINT 3 スペースを生かした1on1スキルで勝負する

　ハーフコート内で6人でプレーする3X3では、5人制に比べて広いスペースを利用することができます。3人のオフェンスプレーヤーが十分なスペースをとったポジションでプレーすることで、

ディフェンスがヘルプに入りにくくなります。

　3人がスペースを作る動きを心がけ、ボールをスペースに動かし、確実に勝てるところの1on1で勝負するのが得策です。

POINT 4 リバウンドのメリットとデメリットを考える

　インサイドでのリバウンドはボックスアウトが基本です。アウトサイドプレーヤーは、リバウンド後のポジショニングを優先するか、ボール確保を優先するかで考え方が変わります。

　相手チームがどのようにリバウンドに対応してくるかも考慮に入れて、チーム方針を決めておくようにしましょう。

Transition Offense **　　　　　　**Quick Drive

クイックドライブ

**フロントコートへのボールダウンのない3X3の特性を利用した基本プレー。
オフェンストランジション時のポジションの優位性を生かした攻撃パターン。**

3X3の最も基本となるオフェンストランジションからのもっともシンプルな攻撃です。

ディフェンスリバウンドをキャッチした時点で、オフェンスプレーヤーが相手よりゴールに近い位置になる3X3の特徴を生かして、リバウンダーが素早くアウトレットパスを出し、インサイドにできた広いスペースへのドライブから得点を狙います。

リバウンドからのアウトレットパス

❶がインサイドでリバウンドをキャッチ。❷はアウトサイドでパスを受けることができるスペースに移動、まずパスレシーブからの2ポイントシュートを狙う。

パスレシーブからドライブを開始

シュートができないと判断したら、❷のドライブコースを確保するため、❶は速やかにアウトサイドに移動。❸も合わせの動きで広いドライブスペースを確保する。

2 で正面に回り込まれた場合のドライブ

OPTION

❷へのパスに対してディフェンダー❷がスプリントで正面に回り込んで守ってきた場合は、逆モーションをついて素早くミドルドライブに切り替える。

ヘルプディフェンスが起きた場合の展開例

OPTION

❷のドライブに対して❶がヘルプディフェンスに入った場合、アウトサイドでフリーになる❶へのキックアウトパスからの2ポイントシュートを狙う。

●実際の動きを写真で確認

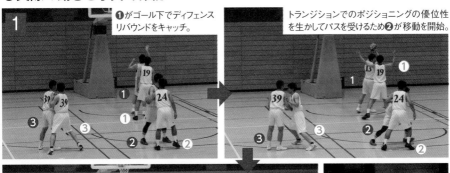

❶がゴール下でディフェンスリバウンドをキャッチ。

トランジションでのポジショニングの優位性を生かしてパスを受けるため❷が移動を開始。

リバウンドキャッチから時間をかけずに素早くパスアウトすることで攻撃の幅が広がる

ディフェンダー②が遅れてチャンスがあれば2ポイントシュートを狙う。

パスレシーブから❷がドライブを開始。❶は❷のドライブコースを空けるためアウトサイドに移動。❸はスペーシングを考え、キックアウトパスを受けられるポジションに移動する。

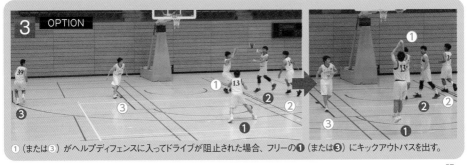

3 OPTION

❶（または❸）がヘルプディフェンスに入ってドライブが阻止された場合、フリーの❶（または❸）にキックアウトパスを出す。

Transition Offense 　　　　　Deep Seal

ディープシール

**シュートを打たれたところからリバウンドを確保し、時間をかけずに
素早く1ポイントシュートを狙うための、3X3でもっとも基本となる攻撃。**

シュートを打たれた後、リバウンドを確保したら素早くアウトサイドのプレーヤーにアウトレットパス、同時にインサイドでディフェンダーをシールします。パスを受けたプレーヤーはインサイドへ

リターンパスを出し、時間をかけずにゴール近くからの得点を狙う攻撃です。

インサイドからの得点が難しい場合は、周囲のプレーヤーがズレを作ってパスを受けましょう。

リバウンドからのパスアウト

相手チームのシュートに対するリバウンドキャッチもしくはシュートが決まった場合のボールの確保。外のプレーヤー❷が空いたスペースに移動してボールを受ける。

インサイドへのパスフィード

❶はパス後にインサイドでディフェンダーをシールしてパスを受け、ゴールを狙う。❸はスペーシングを考え、その場にステイする。

インサイドのシール

シールをするときは、相手に押し込まれないような姿勢を維持する。相手の胸と自分の耳が同じになるくらいの低い姿勢を維持することが大切。

●インサイドへのパスが難しい場合

OPTION

❶のシュートが難しいと判断したら、❸はゴールに向かってダイブ、❷はアウトサイドの空いたスペースに移動。いずれかのチャンスを狙う。

●実際の動きを写真で確認

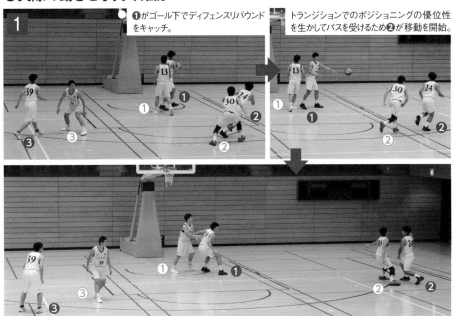

1 ❶がゴール下でディフェンスリバウンドをキャッチ。

トランジションでのポジショニングの優位性を生かしてパスを受けるため❷が移動を開始。

パスを出すと同時に❶はインサイドで①をシールしてポストアップする。

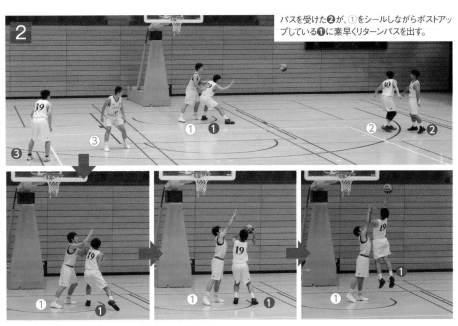

2 パスを受けた❷が、①をシールしながらポストアップしている❶に素早くリターンパスを出す。

パスを受けた❶のインサイドの1on1からの得点を狙う。

Transition Offense   Perimeter Seal

ペリメーターシール

**ペリメーターでアウトレットパスを受けたプレーヤーがパスレシーブからの
素早いアウトサイドシュートを打てない場合のオプショナルプレー。**

ディープシール（P.58参照）とは逆に、オフェンストランジションでアウトサイドでディフェンダーをシールしたプレーヤーがポジションの優位性を生かしてパスを受けて行なう攻撃です。

アウトレットパスのレシーブからのシュートが打てないと判断したら、もう一人のペリメータープレーヤーがディフェンダーをシールしたところからゴールに向かってダイブしてパスを受けましょう。

リバウンドからのアウトレットパス

❶がリバウンドをキャッチ。アウトサイドで相手をシールしている❷が空いたスペースに移動してパスを受ける。❶はスペースをつくるため速やかにアウトサイドに移動する。

インサイドへのパスフィード

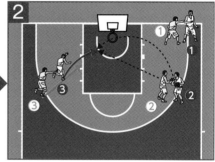

❷のシュートやドライブが難しいと判断したら、逆サイドの❸がアウトサイドで相手をシールしたところからゴールにダイブしてパスを受け、1ポイントシュートを狙う。

●パスアウトできない場合のドリブルアウト

OPTION

❷へのパスに対してディフェンダー ②がスプリントで正面に回り込んで守ってきた場合は、逆モーションをついて素早くミドルドライブに切り替える。

❷のドリブルアウトに合わせて、アウトサイドで❸をシールしている❸がポジションの優位性を生かしてゴールに向かってダイブしてパスを受け、1ポイントを狙う。

●実際の動きを写真で確認

1 ❶がゴール下でディフェンスリバウンドをキャッチ。

1 ❷がポジションの優位性を生かしてパスを受け、まず2ポイントシュートを狙う。

2 ❷のシュートが難しい場合、❸が③をシールしたところからインサイドにダイブしてパスを受ける。

時間をかけずに得点を狙う。

●パスアウトできない場合のドリブルアウト

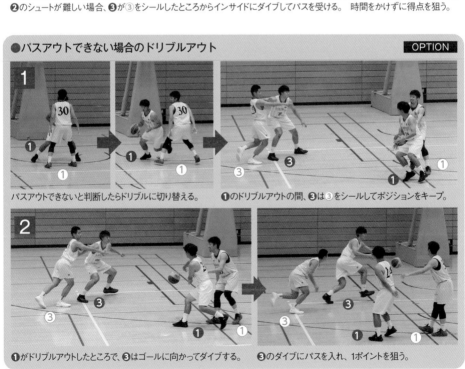

1 パスアウトできないと判断したらドリブルに切り替える。

❶のドリブルアウトの間、❸は③をシールしてポジションをキープ。

2 ❶がドリブルアウトしたところで、❸はゴールに向かってダイブする。

❸のダイブにパスを入れ、1ポイントを狙う。

Transition Offense 　Crowd Pick

クラウドピック

**リバウンドキャッチからアーク外でアウトレットパスを受けたプレーヤーに
対してスクリーンをかける、スイッチディフェンスに有効なプレー。**

アーク外でアウトレットパスを受けた
プレーヤーが完全にマークを振り切れず
に、シュートやドライブが難しい局面で
有効になるのがピック&ロールです。

パスを出したインサイドのプレーヤー

が、レシーバーのマークマンに対してス
クリーンをセットし、ボールマンがドライ
ブを開始します。スイッチディフェンスで
対応された場合はスクリーナーにチャン
スが生まれます。

リバウンドからのアウトレットパス

❶がリバウンドをキャッチ。アーク外の❷は空いたスペース
に移動してパスを受け、まずパスレシーブからのシュートを
狙う。

ボールマンディフェンダーへのピック

❷がシュートもドライブもしないと判断したら、❶がディフェ
ンダー②に対して下からスクリーンをかける（ピック）。❸は
スペーシングを考えてその場にステイする。

ヘルプディフェンスやスイッチが起きた場合

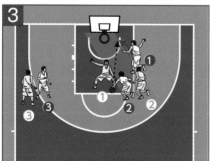

❶はディフェンダー②がバックターンできないように下からス
クリーンを当て、①と②がスイッチ対応をしたときにゴール
近くの有利なポジションにいる❶にチャンスが生まれる。

●キックアウトパスからの2ポイント

OPTION

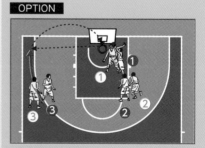

❶のドライブが止められ、シュートが打てないと判断
したら、合わせの動きでコーナーに移動した❸への
キックアウトパスからの2ポイントシュートを狙う。

●実際の動きを写真で確認

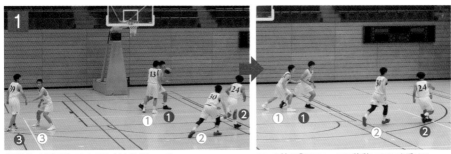

❶がゴール下でディフェンスリバウンドをキャッチ。

アーク外の❷はスペースに移動してパスを受ける。

パスを出すと同時に❶は②に対してスクリーンを下からセットする。

明確にスクリーンを仕掛けることでスイッチ対応を誘う。

①と②がスイッチ対応したり、①がヘルプに入った場合、スクリーナー❶の裏にスペースができる。

スクリーナー❶がポジションの優位性を生かしてゴールにダイブする。

❷は①と②の間を通すバウンスパス、もしくはロブパスで❶のチャンスを狙う。

❶はフリーになっているため、パスが通れば安全に1ポイントを狙うことができる。

Transition Offense ⑤ **Off-ball Screen**

オフボールスクリーン

**アウトレットパスからのジャンプシュートを狙えない場合、
オフボールスクリーンを使ってフリーポジションをつくるオプショナルプレー。**

アウトレットパスを受けたペリメータープレーヤーのシュートやドライブが難しい場合の攻撃パターンです。

アウトレットパスからの素早い攻撃ができないと判断したら、リバウンダーが

オフボールマンにスクリーンをセットし、ユーザーが空いたスペースでボールを受け、2ポイントシュートを狙います。スイッチディフェンスが起きた場合はスクリーナーのダイブにパスを入れましょう。

リバウンドからのアウトレットパス

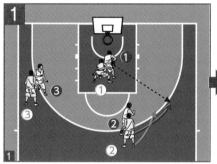

❶がインサイドでリバウンドをキャッチ。❷はアウトサイドでパスを受けることができるスペースに移動し、パスを受ける。❸は❷のスペースを活かすため、その場にステイする。

オフボールスクリーン

パスを受けた❷はまずパスレシーブからのシュート、次にドライブを狙う。難しいと判断した場合は、❶が❸のマークマン③に対して横からスクリーンをセットする。

スクリーンユーザーの2ポイントシュート

ユーザー❸は❶のスクリーンを利用してトップに移動してパスレシーブからのシュートを狙う。

●スイッチディフェンスで守られた場合

OPTION

スクリーンに対してスイッチディフェンスが起こった場合、スクリーナー❶がインサイドにダイブして❸からのパスを受けてシュートを狙う。

64

●実際の動きを写真で確認

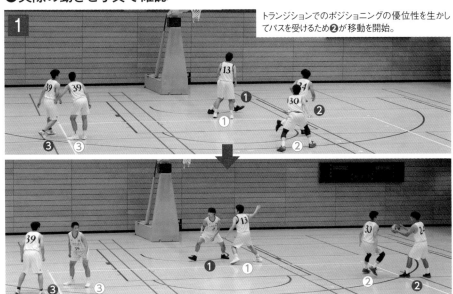

トランジションでのポジショニングの優位性を生かしてパスを受けるため❷が移動を開始。

パスレシーブから❷がシュートを狙えないと判断したら、❶が③に対してスクリーンをセットする。

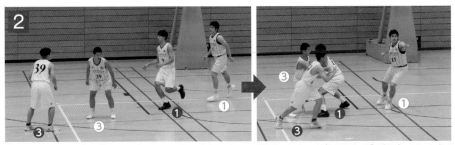

❶が明らかにピックに行く動きで下からスクリーンをセットすることで、①と③のスイッチディフェンスを誘うことができる。

下からスクリーンを当てることで③がリバースターンをできなくなるため、❶がインサイドのポジションをとれる。

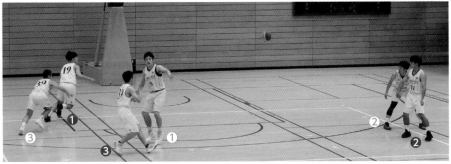

❶はポジションの優位性を生かして、インサイドの空いたスペースでゴールに向かってダイブする。❶のダイブにパスを入れて1ポイントシュートを狙う。

Transition Offense 　　　　Back Cut From Dribble Out

ドリブルアウトからのバックカット

**アウトレットパスが出せない場合のドリブルアウト。ボールアウトに時間が
かかるため、アウトサイドのパスローテーションまで準備しておくことが大切だ。**

リバウンドキャッチからのアウトレット
パスを阻まれた場合は、ドリブルでボー
ルを持ち出す必要があります。その際に
アウトサイドプレーヤーはドリブルコース
を空けると同時に、パスの受けられる空

いたスペースに移動する必要があります。

ドリブルアウトで時間がかかるため、
1パスからのシュートはディフェンダーに
守られやすくなるので、2パスからの攻
撃となることが多くなるでしょう。

相手チームのシュート

❶のリバウンドキャッチからアウトレットパスを狙って、❷が
空いたスペースに移動するが、ディフェンダー②にパスライ
ンを守られてパスを出せない状態。

シール＆ボールキャッチ

アウトレットパスを出せないと判断したら、❶がドリブルでボー
ルを持ち出す。❸は❶のドリブルコースを空け、空いたス
ペースに移動してパスを受ける。

●アウトサイドプレーヤーへのパス

OPTION

❶のドリブルアウトにあわせて❷がアウトサイドの空
いたスペースに移動。パスレシーブからの2ポイント
シュートを狙う。

❷のパスレシーブに対してディフェンダー②がスプリ
ントでシュートを阻止してきた場合、②の逆をとってド
ライブからのポイントを狙う。

●実際の動きを写真で確認

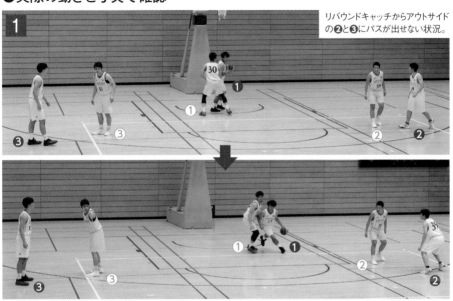

リバウンドキャッチからアウトサイド
の❷と❸にパスが出せない状況。

❶がドリブルアウトを選択。アウトサイドの❷と❸は❶のドライブスペースをなくす動きをしないことが大切。

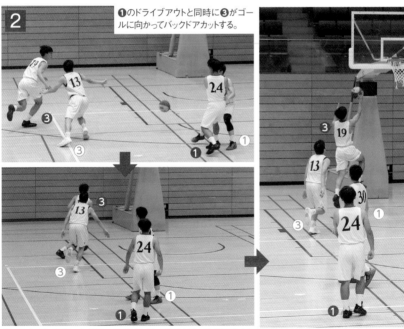

❶のドライブアウトと同時に❸がゴー
ルに向かってバックドアカットする。

ディフェンダー③は、まず❷へのパスラインを守るため、背後に生まれ　状況に応じてバウンスパスとロブパスを使い分けられ
るスペースへのバックドアカットにチャンスが生まれることが多い。　るようにしておこう。

準備したプレーを駆使して ディフェンスとのズレを作る

ミスマッチやスクリーンを使って攻撃するチェックボールからのプレーにおいて より有効なプレーを選択するには、事前の相手チームのスカウティングが大切。

3X3では、ファウルが起きたときやアウトオブバウンスになった後は、トップからのチェックボールでゲームが再開されます。

チェックボールでは、ディフェンスがセットしたところからスタートするため、パスを入れるためにはマークのズレを作らなければなりません。

ディフェンスのズレを作るためによく使われるのがスクリーンです。ボールマンに対するピック＆ロールやハンドオフプレー、オフボールスクリーンなど、状況に応じて様々なバリエーションを身につけておくことで相手に読まれにくくなります。

ショットクロックが12秒しかないため、5人制のような複雑なセットオフェンスはできませんが、3X3ならではのスクリーンのメリットを理解して、アドバンテージを作るためのスクリーンの当て方に慣れておくことが大切です。

チェックボールプレーのポイント

● スクリーンやハンドオフプレーを使ってディフェンスとのズレを作る。

● 3X3のスクリーンの考え方を理解して、その特性を生かした攻撃パターンを身につける。

● 相手との駆け引きや状況に応じて臨機応変にバリエーションを使い分ける。

POINT 1 相手ディフェンスの特徴をスカウティングする

ディフェンスにマークされた状況から始まるセットプレーでは、ボール、プレーヤー、もしくはその両方を動かさなければチャンスは生まれません。

そのためには、どこにミスマッチがあるか、スクリーンに対する相手チームの対応など、試合前のスカウティングが非常に重要な要素の一つとなります。

POINT 2 スクリーンプレーでも3X3の特徴を生かす

5人制では、セットしたスクリーンの裏のスペースを使うためにスクリーンプレーを行なうことが多く見られます。しかし、3X3ではヘルプディフェンスが起こりにくいので、アウトサイドにプレーヤーが集まることでインサイドのスペースにもチャンスが生まれます。

多くの場合、スクリーナーがこのスペースにダイブすることでチャンスが生まれます。このとき、スクリーンの当て方を少し変えるだけで、スイッチ後のマークマンの出足を遅れさせ、確実に得点に結びつけることができます。

POINT 3 スクリーンを使った多彩な攻撃を使い分ける

何度もあるチェックボールの状況からの攻撃では、ピック&ロール、オフボールディフェンス、ハンドオフプレーなど、様々なバリエーションを見せることでディフェンスに迷いが生じます。

さらにディフェンスの対応に応じて、どのプレーヤーに優位性ができるかを理解し、臨機応変な攻撃を仕掛けることがチャンスメイクに繋がります。

センタートライアングル①

**プレーヤー3人がミドルレーンを使って攻撃するセンタートライアングル。
オフボールのトップのプレーヤーに対するフレアスクリーンからの攻撃パターン。**

トップでオフボールスクリーンをセットしてディフェンスとのズレを作り出す攻撃です。

ミドルレーンで3人がトライアングルの関係を保って攻撃する基本的なパター

ンの一つです。

試合中に何度も起こり得るチェックボールシチュエーションに備えて、相手のディフェンスに合わせて、いくつかの展開を練習しておくことが大切です。

チェックボールからのエントリーパス

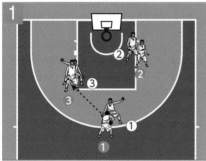

ボールマン❶に対して、❸はハイポストエリア、❷はミドルポスト付近にポジションを取ったところからスタート。❸はディフェンダー③をシールしながらエントリーパスを受ける。

トップでのフレアスクリーン

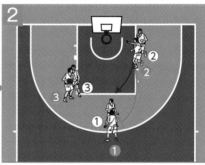

❸のパスレシーブのタイミングで❷は①に向かって移動を開始、横からスクリーンをセット、❶はスクリーンを利用してフレアカットする。

ハンドオフからの2ポイントシュート

ディフェンダー②がインサイドを守った場合は、スクリーナー❷がフリーになるため、❸の体の外側でハンドオフでボールを受け、ステップアウトからの2ポイントシュートを狙う。

●ディフェンダーが前に出て守った場合

OPTION

ディフェンダー②が前に出て守った場合、ユーザー❶がインサイドでフリーになる。

●実際の動きを写真で確認

ハイポストエリアで❸がディフェンダー③をシール。

トップの❶から❸へのパスで攻撃をスタート。

❶のパスと同時に逆サイドの❷が❶に対するスクリーンをセットするために移動を開始。

❷がスクリーンをセット。❶はスクリーンを利用してフレアカット。

❶のマークマン①がファイトオーバーしてきたので、フリーのスクリーナー❷がハンドオフプレーに向かう。

❷がインサイドを守っているので、❷は❸の体の外側でボールを受ける。

ボールを受けた❷はそのままステップアウトして2ポイントシュートを狙う。

71

Check Ball Play ②　　　　　Center Triangle ②

センタートライアングル②

**フレアスクリーンと合わせて使いこなしたいのがハンドオフプレー。
ディフェンスの対応によって使いこなせるようにしておこう。**

センタートライアングルの一つのバリエーションとして一緒に練習しておきたいのがハンドオフプレーです。

フレアスクリーンをコールしたときに、ディフェンスがスイッチするようであれば、スクリーンをセットせずに直接ハンドオフプレーに行くといいでしょう。パスを受けた後は、ボールマンのアウトサイドにスペースができるのでステップアウトからのチャンスを狙いましょう。

チェックボールからのエントリーパス

トップの❶に対して、❸はハイポストエリア、❷はミドルポスト付近にポジションを取ったところからスタート。❸はディフェンダー③をシールしながらエントリーパスを受ける。

ハイポストでのハンドオフ

❷は③に対するピックを装いながら、❸に向かってカットを開始。ディフェンダー②や③がどのように対応してくるかを確認することが大切。

スイッチに対するステップアウト

ディフェンダーのスイッチ後は、❸はまずインサイドへのカールを警戒するので、スクリーナー❷の裏のスペースへのステップアウトでチャンスが生まれる。

ステップアウトから2ポイントシュート

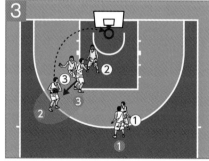

❸のダイブを警戒して②は下に残るので、❸の体の外側でハンドオフすると同時に❷がステップアウトして2ポイントシュートを狙う。

●実際の動きを写真で確認

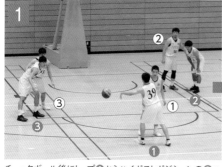

チェックボール後にトップ❶からハイポストポジションの❸へのエントリーパスからスタート。

❸はインサイドを守るディフェンダー③をシールしながらパスをレシーブ。

❸のパスレシーブと同時に❷が❸に向かってカットを開始。

ピックを装ってディフェンダー②と③のスイッチ対応を誘う。

ディフェンダー③に守られないように❸は体の側面でボールをハンドオフする。

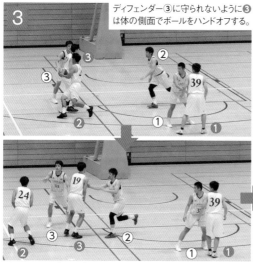

ディフェンダー③はまずインサイドを守るため、❷は❸の外側の空いているスペースにステップアウト（フレアカット）。

❷はステップアウトしてフリーになった瞬間に、一連の動作の流れで2ポイントシュートを狙う。

Check Ball Play ③　　　Center Triangle ③

センタートライアングル③

**センタートライアングルのもう一つのバリエーション。ハイポストエリアでの
ピック&ロールからのバリエーションを身につけておこう。**

　ディフェンスとのズレをつくり出すためのオンボールスクリーンがピック&ロールです。試合中に何度も起こり得るチェックボールシチュエーションに備えて、相手のディフェンスに合わせたピック&

ロールからのいくつかの展開を練習しておくことが大切です。

　ファイトオーバーしてくるディフェンスに対しては、ユーザーのドライブからの得点を狙うのが基本となります。

チェックボールからのエントリーパス

ボールマン❶に対して、❸はハイポストエリア、❷はミドルポスト付近にポジションを取ったところからスタート。❸はディフェンダー③をシールしながらエントリーパスを受ける。

ハイポストへのピック

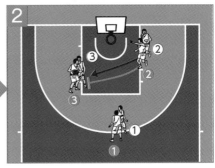

❸のパスレシーブのタイミングで❷は③に向かって移動を開始、横から厚めにスクリーンをセットする。

ゴールに向かってドライブ

ディフェンダー③がファイトオーバー。ユーザー❸はスクリーナー❷を通過すると同時にゴールに向かってカールしてランニングシュートを狙う。

●ヘルプディフェンスが起きた場合

OPTION

❷がヘルプに入った瞬間に、❷がアウトサイドにポップアウト。❸からのパスを受けて2ポイントシュート。

●実際の動きを写真で確認

チェックボール後にトップ①からハイポストポジションの③へのエントリーパスからスタート。

③はインサイドを守るディフェンダー③をシールしながらパスをレシーブ。

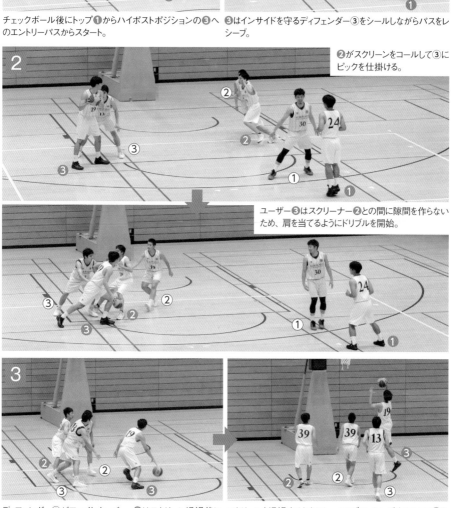

②がスクリーンをコールして③にピックを仕掛ける。

ユーザー③はスクリーナー②との間に隙間を作らないため、肩を当てるようにドリブルを開始。

ディフェンダー③がファイトオーバー。②はスクリーン通過後にゴールに向かってドライブする。

スクリーンを通過するときにしっかりブラッシングすることで③をタグディフェンスにすることができる。

Check Ball Play ④　　　One Side Triangle ①

1サイドトライアングル①

**1サイドに3人のプレーヤーで三角形を作る1サイドトライアングル。
ダウンスクリーンでのディフェンスのマークの受け渡しを利用して攻撃しよう。**

セットプレーからのオフボールスクリーンの代表的なものがダウンスクリーンです。スクリーンを使って1パスで2ポイントのチャンスを作るのが理想とされます。そのためにも、直接スクリーンをセット

するのではなく、ポストアップを装ったところからのスクリーンセットなど、できるだけマークマンを動かすことで、ディフェンダーのスイッチ対応時にズレを作り出すことがポイントとなります。

コーナーでのダウンスクリーン

❷がエントリーパスを受けるためにハイポストに移動を開始したところから、コーナーの❸へのダウンスクリーンのセットに向かう。

パスレシーブからの2ポイントシュート

❸は❷のダウンスクリーンを利用してウイングポジションでパスを受ける。②と③のスイッチ対応のズレを利用してパスレシーブからの2ポイントシュートを狙う。

●スイッチディフェンスで対応された場合

OPTION

❷のハイポストへの移動が制限された場合、❷は直接コーナーの❸に対するスクリーンに向かう。

❷が❸に対して横からスクリーンをセットすることでインサイドにスペースを作ることができる。

●実際の動きを写真で確認

②がローポストからハイポストに移動して①からのエントリーパスを受けると見せかけ、コーナーの③に対するダウンスクリーンに向かう。

③は②のダウンスクリーンを利用してウイングポジションに移動する。

ディフェンダー②と③の対応が遅れた場合、③はパスレシーブと同時にクイックストップからアウトサイドシュートを狙う。

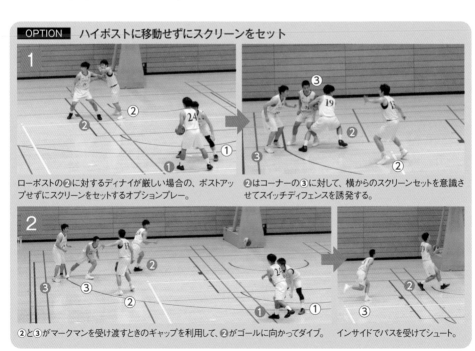

OPTION ハイポストに移動せずにスクリーンをセット

ローポストの②に対するディナイが厳しい場合の、ポストアップせずにスクリーンをセットするオプションプレー。

②はコーナーの③に対して、横からのスクリーンセットを意識させてスイッチディフェンスを誘発する。

②と③がマークマンを受け渡すときのギャップを利用して、②がゴールに向かってダイブ。

インサイドでパスを受けてシュート。

Check Ball Play ⑤　　　　**One Side Triangle ②**

1サイドトライアングル②

スクリーンコールでピック&ロールを予測したディフェンスのスイッチ対応を見て、マークマンの受け渡し時のチャンスを利用したセットプレー。

ピック&ロールのオプションプレーとして有効な戦術がシザースです。

スクリーンコールで、アウトサイドのシュートを守るためにスイッチ対応しようとするディフェンスに対して、インサイド

のスペースを利用して1ポイントを狙うプレーです。スクリーナーとユーザーのディフェンダーがマークマンを受け渡すときにギャップを作ることでチャンスが生まれます。

チェックボールからのエントリーパス

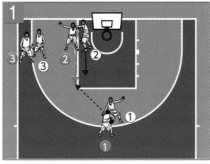

ボールマン❶に対して、❷はローポストエリア、❸はローウイングのポジションからスタート。❷はディフェンダー②をシールしたところからハイポストに移動してエントリーパスを受ける。

ダウンスクリーン

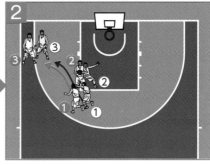

パスを出すと同時に❶は③に対してダウンスクリーンのセットに向かう。❶はスクリーンをコールしながらディフェンダーの動きを確認する。

ディフェンスがスイッチした場合

スイッチディフェンスでマークを引き渡した直後にチャンスが生まれる。❶は③の内側から体をしっかり当てることで、優位なポジションを取ることができる。

フェイクスクリーンからゴールへのダイブ

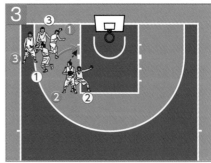

❸のアウトサイドシュートを警戒して、ディフェンダー①と③がスイッチ。❶は③に体を当てた瞬間にゴールに向かってダイブし、スペースでパスを受けてシュートする。

●実際の動きを写真で確認

チェックボール後にトップ❶からハイポストポジションの❷へのエントリーパスからスタート。

パスを出すと同時に❶は③に対するスクリーンをコールしてダウンスクリーンのセットに向かう。

ディフェンダーはダウンスクリーンからの③へのパスを警戒して①と③のスイッチディフェンスが起こる。

❶は③に対して内側から体を十分に寄せたところからゴールに向かってダイブ、インサイドでボールを受けてシュートする。

Check Ball Play ⑥　　　　　　**One Side Triangle ③**

1サイドトライアングル③

バックスクリーンを仕掛けてボールマンのディフェンダーの自由を奪い、インサイドにできたスペースを利用して攻撃する。

　ボールマンに対してスクリーンをセットすることで、インサイドにできたスペースで攻撃するのがバックピックです。

　スクリーナーが斜め後方からスクリーンをセットすることで、ボールマンのマークマンはリバースターンができなくなり、スイッチディフェンスを余儀なくされます。

　その瞬間にスクリーナーがゴールにダイブすることでインサイドでフリーでボールを受けることができます。

ハイポストへの移動

ボールマン❶に対して、❷はローポストエリア、❸はローウイングのポジションからスタート。ポストアップを装って❷がハイポストに移動する。

バックピック

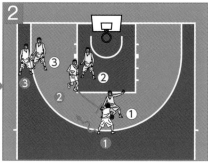

❷はポストアップせずに①のバックスクリーンを仕掛ける(バックピック)。斜め後方からスクリーンをセットすることで①はリバースターンできなくなる。

インサイドへのパスの選択

ロブパス　　バウンスパス

状況に応じて❷へのパス種類を選択することが大切。ロブパスでパスカットのリスクは小さくなるが、パスレーンが空いている場合はより精度の高いバウンスパスを通すことが望ましい。

スクリーナーのダイブ

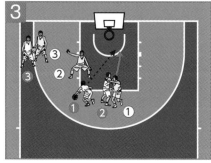

❷のスクリーンを利用して❶がドライブを開始。②がドライブコースにショウした瞬間に❷がゴールに向かってダイブ。❷にパスを入れてインサイドからの得点を狙う。

●実際の動きを写真で確認

チェックボール後に❷がローポストからハイポストに移動する。

❷が①に対してスクリーンをセット、①はドライブを開始する。　❷がドライブコースに入りスイッチディフェンスが起こる。

❷はポジションの優位性を生かしてゴールにダイブ。ロブパスで頭上から❷にパスを通してインサイドのシュートにつなげる。

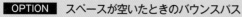

OPTION	スペースが空いたときのバウンスパス

ディフェンダー①と❷の間にスペースがあるときはバウンスパスで❷にパスを通す。

Check Ball Play ⑦　Flat Triangle - Dribble Hand Off

フラットトライアングル

**ペリメーターで3人のプレーヤーが複雑な動きをすることで
ディフェンダーを撹乱し、インサイドのスペースを使って攻撃する。**

　3人がアウトサイドにポジションを取った3アウトの状態から、空いたインサイドのスペースに仕掛ける攻撃パターンです。
　ペリメーターのドリブルからのハンドオフプレーで始まり、すかさずオフボー

ルスクリーンを仕掛け、ディフェンダーに連続して2回スイッチさせることでチャンスが生まれます。アウトサイドで複雑な動きをすることで、インサイドへの対応を遅れさせることができます。

3アウトポジション

ボールマン❶に対して、左右のウイングポジションに❷と❸がセットした3アウトのポジションでスタートする。❶が❷に向かってドリブルを開始する。

ドリブルハンドオフ

❶のドリブル開始を確認後に❷がドリブラー❶に向かってカットを開始。❷は❶の体の外側でハンドオフパスを受ける。ここでディフェンダー①と②のスイッチが起こる。

オフボールスクリーン

ハンドオフで❷がボールを受けた瞬間に❸はマークをズラして空いたスペースに移動し、❷からのパスを受ける。パスと同時に❶が①にスクリーンをセットする。

スクリーナーのダイブへのパスフィード

❷は❶のスクリーンを利用してインサイドにカットして②のヘルプを促す。スイッチディフェンスを誘発することでできたインサイドのスペースに❶がダイブしてパスを受ける。

●実際の動きを写真で確認

チェックボール後にトップ❶がウイングポジションの❷に向かってドリブルを開始する。

❷はドリブルの開始を確認したところで❶に向かってカットする。　❶が❷にハンドオフパス。スイッチディフェンスが起こる。

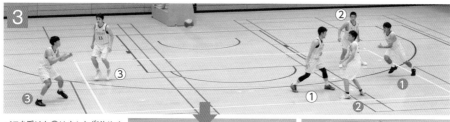

パスを受けた❷はすかさず逆サイドの❸にパスを出す。ハンドオフ後に一度外に流れた❶はコート中央に向かってカットを開始する。

❶がスイッチして❷をマークしているディフェンダー①に対してオフボールスクリーンをセット。

❷はスクリーンを利用してゴールに向かってカットする。

ディフェンダー②が❷の動きに反応してスタンスを崩した瞬間にスクリーナー❶がゴール方向にカットしてパスを受ける。

●レシーバーの動きをディナイされた場合

1 ❶が❷に向かってドリブルを開始。ディフェンダー❷が、高い位置で守ってきたら❷はハンドオフに行けなくなる。

2 ❷がハイポジションを取っているぶん大きく空いたインサイドのスペースを使った攻撃に切り替える。

●実際の動きを写真で確認

3アウトのポジショニングから、❶が❷に向かってドリブルを開始する。

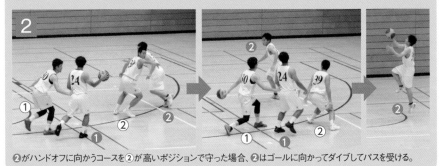

❷がハンドオフに向かうコースを❷が高いポジションで守った場合、❷はゴールに向かってダイブしてパスを受ける。

3X3のオフェンス戦術に生かせるプレースキル

**ファンダメンタルスキルは5人制と同じだが、生きるスキルは少し異なる。
コート上の広いスペースを利用するために生きるスキルに磨きをかけよう。**

3X3で必要なスキルも、基本的には通常の5人制のファンダメンタルスキルと同じです。しかし、5人制と比べてスペースが広いため、身につけておくと良いスキルの種類が多少異なります。

例えば、5人制とはシュートの得点が違うため、期待値の高いアウトサイドシュートを打つ機会が多くなります。つまり、期待値の低いミドルレンジのシュート能力は重要性は低く、その代わりにロングシュートの精度を高める必要があります。

これはオフェンスだけではありません。ディフェンスのポジショニングやヘルプに関する考え方も変わります。

本章では、3X3でより重要になるオフェンススキルを紹介していきます。

3X3で生きるスキルとは

- ●ディフェンスのヘルプが起こったときのアドバンテージを活かすためのスキル。

- ●期待値の高いアウトサイドシュートの機会を増やす、アウトサイドを警戒したディフェンダーの逆をつくスキル。

- ●トランジションで素早くパスアウトをするためのスキル。

- ●セットプレーで重要になるスクリーンプレーのバリエーション。

ユーロステップ

ドリブル終了後のステップに変化をつけ、相手の対応を素早く判断することで
得点に直結するプレーを選択することができる。

1 ゴールに向かってのドライブに対してマークマンが守ってきた状況。

2 スピードをコントロールしながらランニングステップに移行。

3 外側にステップを踏んだところでディフェンダーがコースに入る。

●マークマンが内側を守ってきた場合の対応

1 ゴールに向かってのドライブに対してマークマンが守ってきた状況。

2 ランニングステップに入る前にスローダウンしてディフェンダーの対応を見る。

3 ディフェンダーが一緒にスピードを落とし正面のコースが空いている状況。

ランニングシュートのドリブル後のステップに左右の変化をつけるのがユーロステップです。

　確実に得点につなげるためのポイントは、ステップをするときのスピードを落とすことです。ゆったりステップをする

ことで、マークマンがどう守るかを見てシュートに行くコースを判断しましょう。

　ゆっくり相手の出方を見ることで、ヘルプディフェンスが起きた場合、フリーになった味方プレーヤーにパスも出しやすくなります。

ディフェンダーが正面のコースを守ってきたので2ステップ目の方向を切り替える。

ディフェンダーの動きを見ながら裏を取ることで一連の動作で安全にシュートできる。

正面の空いたスペースにそのままステップイン。

ランニングステップに入る前にスピードを落とすことで、ステップを開始した後でもディフェンダーの対応を見て、プレーを切り替えることができる。

Offense Skill ② 　　　　　　　Step Back Shoot
ステップバックシュート

**5人制に比べて広いスペースを利用できる3X3で生きるのが
ドライブを仕掛けたところからのステップバックシュート。**

●クローズスタンスからのステップバックシュート

1 ドリブル中の1on1でマークマンが前方から守ってきたときに有効なステップバックシュート。

2 ドリブルでアウトサイドフット（左足）を大きく前に踏み出したところでストップする。

●レッグスルーからのステップバックシュート

1 ドリブル中の1on1でマークマンが内側から守ってきたときに有効なステップバックシュート。

2 コートの外側にプレッシャーを受けながらのドリブル。ディフェンダーはインサイドを守る意識が高い。

ヘルプディフェンスの頻度が少ない3X3では、1on1の攻防が非常に重要になります。また、3X3では5人制に比べてアウトサイドシュートの期待値が大きいため、マークマンを外して2ポイントを狙うメリットも大きくなります。その

ための技術として有効になるのがステップバックシュートです。

　ここでは、3X3の実践に役立つ4つのステップバックシュートを紹介します。状況に応じて使いこなせるように精度を高めておきましょう。

前に踏み込んだ左足で床を蹴るように、反動を使って大きく後方に引いてステップバック。

一連の動作で右足を引き寄せジャンプシュート。大きくステップバックできるメリットがある。

クイックストップからレッグスルーでインサイドにドリブルチェンジ。同時に後方に跳ねるようにステップバックしながらボールをピックアップする。

着地と同時に反動を利用してジャンプシュートにつなげる。

●オープンスタンスからのステップバックシュート

ドリブル中にマークマンがスティック。緩急をつけたドリブルで間合いを計る。

ディフェンダーがクロスステップになった瞬間に踏み込んだインサイドフットで床を蹴ってステップバックする。

● 0ステップのステップバックシュート

マークマンのプレッシャーを受けながらドリブル。

ディフェンダーがドリブルコースの前に回り込んできたところでクイックストップ。

3 斜め後方にジャンプしながらボールをピックアップする。

4 空中で足を左右に大きく広げて左足から着地する。

5 右足を素早く引き寄せ、反動を使ってジャンプシュートの動作につなげる。

6

3 クイックストップの反動を利用して両足で床を蹴って後方にステップバックする。

4 ステップバックしたところからノーステップでジャンプシュートを打つ。

5

Offense Skill ③　　　　　　　　　　　Pump Fake

ポンプフェイク

**3X3ではアウトサイドからの2ポイントシュートに対する
ジャンプトゥザボールが多くなるぶんポンプフェイクのスキルが生きる。**

1 アウトサイドでパスをレシーブしたところで、すかさずボールを頭上に上げてフェイクをかける。ここで重要なのが膝を曲げたままボールを上げること。膝のタメを残しておくことで、相手をジャンプさせた後にタイミングをズラしてシュートも狙える。

3 相手がジャンプすると同時にドライブを開始した場合。

4 近くにいるディフェンダーがドリブルコースにヘルプに入ってきたら、フリーになったプレーヤーにパスを出し、そのままゴールに向かってカットする。

3X3でディフェンスがもっとも警戒しているのがアウトサイドからの2ポイントシュート。それだけにアウトサイドでフリーでパスを受けると同時に、ジャンプシュートを予測したマークマンがブロックショットに飛ぶ状況も多くなります。そこで有効になるのが「ポンプフェイク」です。

　パスレシーブ後にボールを高い位置に上げて、マークマンを先にジャンプさせることで、その後の攻撃の選択肢を増やすことができます。

2 相手を先にジャンプさせてマークを外すことで、タイミングをズラしてシュート、ドライブを開始、パスなど、次のプレーの選択肢が広がる。

5 **6** **7** パスに対してディフェンダーがリカバリーしてきた場合は、すぐにリターンパスをもらえば、完全にフリーになった状態でイージーシュートを打つことができる。

Offense Skill ④　　　　　　　One Hand Pass

ワンハンドパス

**3X3では「トランジションを制するものがゲームを制する」と言われる。
それだけに日ごろから技術に磨きをかけておくことが大切だ。**

1 ゴール近くでリバウンドを確保。ワンハンドキャッチをすることで素早くパスモーションに入れる。

2 素早くルックアップして、広い視野でフリーのプレーヤーを見つけることが大切。

5 できるだけ小さなモーションで素早く正確なパスを出せるようにしておこう。

3X3では、トランジションからの素早いパスアウトが非常に重要なポイントになります。

　そのために大切になるのが、リバウンドを確保したところから、できるだけ小さなモーションで、相手に読まれずにパスアウトすることです。大きく振りかぶってしまうと、パスコースを限定されたり、相手の指先がパスにかかってしまいます。

　ワンハンドでのレシーブから素早く正確なワンハンドパスを出せるように練習しておきましょう。

3
ワンハンドキャッチから素早くワンハンドでパスを出すのが理想。

4
味方プレーヤーの動き、自分のマークマンのポジショニングなどを考慮して、正確なパスを出すことで得点のチャンスが大きく広がる。

6

7
正確にポケットにパスを入れることが、1パスからの得点チャンスを増やすことにつながる。

Offense Skill ⑤ Off Dribble Pass

オフドリブルパス

ディフェンダーにパスのタイミングを読まれないために有効なのが、
ドリブルからワンモーションで出せるオフドリブルパス。

1 アウトレットパスの際に大きく振りかぶってしまうとマークマンにパスラインを守られてしまうケースが多くなる。

2 そのままパスを出してしまうとマークマンの手がボールにかかってしまうため、パスを出さずにパスフェイクにとどめる。

5 次のプレーを判断するために、アウトサイドに出る前にルックアップして周囲の状況や味方の動きを確認する。

6 周囲の状況を確認しながらパスのタイミングを計ってドリブルをコントロールする。

3X3では、自分以外の味方プレーヤーが2人しかいないため、パスラインを限定されてしまうと有効なパスを出せなくなってしまいます。そこで重要になるのが「オフドリブルパス」のスキルです。

　ドリブルを止めてしまうと、どうしてもパスラインが限定されてしまいます。そこでマークマンにパスのタイミングを悟られずに出せるのがオフドリブルパスです。コンパクトなモーションで正確にパスを出すためには、ドリブル中の視野の確保も重要なポイントとなります。

3
パスフェイク後に素早く逆方向にドリブルを開始。ドリブルアウトに切り替える。

4
ボールにプレッシャーをかけられないようにしっかりハンドガードをしながらドリブルアウト。

7
タイミングを計りながらボールが手に入ったところでパスの動作に入る。

8
相手にタイミングを合わせて守られないように、大きく振りかぶらずにコンパクトな動作でパスを出すことが大切。

Offense Skill ⑥　　　　　　　Pick & Roll

ピック&ロール

ボールマンに対してスクリーンを仕掛けるピック&ロールでは、
スクリーンをセットした後のスクリーナーの判断が成功のカギとなる。

●スイッチディフェンスが起きた場合

1
ボールマン❶がマークマン①と対峙した状態。

2
スクリーナー❷が①に対してオンボールスクリーンをセットするピック&ロール。

3
❷は①のインサイドフットをまたぐようにスクリーンをセット。❶がドリブルを開始する。

4
スクリーナーのマークマン②がヘルプに入ってスイッチディフェンスが起こる。①は右足を引けないためリバースターンできない。

ピック＆ロールでは、ディフェンスの対応によってチャンスが生まれるプレーヤーが変わります。

スイッチディフェンスではスクリーナーにチャンスが生まれます。スクリーナーはボールマンのマークマンに対して斜め後方からインサイドフットに体を寄せてスクリーンをセットすることで、リバースターンをするためのスペースをなくします。

この状態でスイッチディフェンスが起こると、スクリーナーがマークマンの内側のポジションになります。このポジショニングの優位性を生かして、大きく空いたインサイドにダイブすることで、ゴール近くからのイージーシュートに結びつけることができます。

スイッチに対する対応

ボールマンに対してスクリーンをセット。❶がドリブルを開始し、スクリーナー❷がスクリーンアウェーするピック＆ロール。

スクリーナーの角度

ディフェンダーのインサイドフットをまたぐように斜め後方からスクリーンをセットすることで、ディフェンダーがリバースターンできなくなる。

5 ❷はポジションの優位性を生かし、空いたインサイドのスペースでゴールに向かってダイブする。

6 インサイドの❷に❶がパスを入れる。①と②のポジショニングを見て安全なパスを選択する。

NG スクリーンを横から当ててしまうとスライド対応される

スクリーンを真横から当ててしまうと、スライド対応されてインサイドにスペースができなくなるので、スクリーナーにチャンスが生まれにくくなってしまいます。スライド対応された場合、スクリーナーは別の動き（P.105参照）をしなければチャンスが生まれなくなってしまいます。

スクリーンを真横からセットしてしまうと①がリバースターンできるため簡単にスイッチ対応されてしまう。

❷が①に対して横からスクリーンをセット。①がドリブルを開始する。

①のドリブルに対して❷がドリブルコースにヘルプに入ってディフェンスはスイッチ対応に切り替える。

①が❷の背後に素早く回り込むことができるので、❷からのチャンスが生まれなくなる。

●スクリーナーのディフェンスがショウしてきた場合

ユーザーに対してスイッチしたディフェンダーが前に出てプレッシャーをかけてきた場合、ユーザーはプルバックドリブルでマークマンを前に引き出すことで、2人のディフェンダー間にギャップを作ることができます。このギャップを利用してスクリーナーのダイブにパスを通しましょう。

❷が①に対してスクリーンをセット。❶がスクリーンを利用してドリブルを開始。

スイッチディフェンスが起こり、ピック&ロールを予測していた②が❶のドリブルに対して前にプレッシャーをかけてきた。

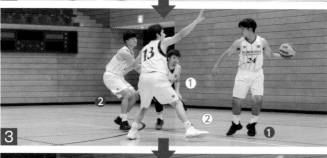

プレッシャーを避けるため❶はステップバック。❷はポジションの優位性を生かしてスクリーン&アウェーでゴールに向かってインサイドにダイブする。

インサイドが広く空いているため❷にパスを通すことでチャンスが生まれる。

●スイッチ対応後に引いて守られた場合はユーザーのジャンプシュート

　ピック＆ロールで、ディフェンダーがスイッチ後に引いて守ってきた場合は、スクリーナーのチャンスは無くなりますが、代わりにユーザーがフリーになります。

　ユーザーはスクリーンを通過した後に、ゴールに向かわず、そのままフリーの状態でアウトサイドから2ポイントシュートを狙いましょう。

❷が①に対してスクリーンをセット。❶がスクリーンを利用してドリブルを開始。②がドリブルコースにヘルプに入るも、前に出ずに引いて守る。

インサイドに❷がダイブするスペースがないため、❷からのチャンスは生まれない。

ドリブラー❶がフリーになるので、そのままアウトサイドから2ポイントシュートを狙う。

●ファイトオーバーされた場合のパスからのアウトサイドシュート

❷が①に対してスクリーンをセット。❶がスクリーンを利用してドリブルを開始。

ピック&ロールに対して、ユーザーのマークマンがファイトオーバーしてきた場合も、スクリーナーにチャンスが生まれます。タグディフェンスに対して、スクリーナーのマークマンがユーザーのドライブコースにヘルプに入らなければならないため、スクリーナーが外側のスペースにステップアウトすることで、フリーで2ポイントシュートを打てるチャンスが生まれます。

❷と❶の間に①がファイトオーバー。②がドリブルコースにヘルプに入る。

ディフェンダー①がファイトオーバーし、②がドリブルを遅らせるためにショウした場合、❷のステップアウトにパスを出すことでフリーで2ポイントシュートが打てる。

インサイドにスペースがないためスクリーナー❷はアウトサイドにステップアウト。

①がタグディフェンスになっている間にステップアウトした❷にパスを出す。

②のリカバリーは難しくなるので❷はパスレシーブから、フリーの状態で2ポイントシュートを狙うことができる。

●ファイトオーバーでヘルプディフェンスが前に出て守ってきた場合

ユーザーのマークマンがファイトオーバーをしてきたときに、ヘルプに入ったディフェンダーが前にプレッシャーをかけてきた場合は、インサイドにスペースができます。スクリーナーがこのスペースでパスを受けることでゴール近くからのシュートにつなげることができます。

ウイングポジションでボールマン❶がマークマン①と対峙した状態。

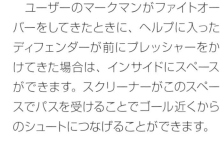

①がファイトオーバーしたところで②が前に出て守ってきたら、❷はインサイドのスペースにダイブしてパスを受ける。

❷が①に対してスクリーンをセット。❶がスクリーンを利用してドリブルを開始。

①が❷のスクリーンをファイトオーバー。タグディフェンスで❶を追う。

❶のドリブルを遅らせるために、②が前に出て❶のドリブルコースにショウして守ってきた場合。

②が前に出ることでインサイドにスペースができたところに❷がゴールに向かってダイブする。

❷のダイブにパスを入れることで、インサイドでのイージーシュートにつなげることができる。

●スライド対応された場合のリバーススクリーン

❷がウイングポジションの①に対してスクリーンをセットに向かう。

ピック&ロールに対してスライド対応されたときは、ディフェンダーがスイッチしてパスラインをディナイした瞬間に、もう一度スクリーン（リバーススクリーン）を仕掛けましょう。スイッチ直後にもう一度スイッチさせることで、マークのズレを作ることができます。

❶がドリブルを開始する。スクリーンに対して①がスライド対応。

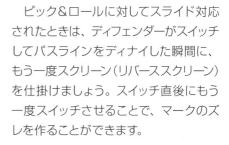

スライド対応でスイッチ後に❷がリバーススクリーンをセット。①がヘルプに出たところで❷がダイブしてパスを受ける。

ディフェンスのスイッチが起こってマークマンが入れ替わったところで、すかさず❷が②のピックに向かう。

❷がスクリーンをセットしたところから、❶がドリブルのコースを変えて、再度ピック&ロールを仕掛ける。

①が❶のドリブルコースにヘルプに入ることでできるインサイドのスペースに❷がダイブ。

インサイドでフリーでパスを受けた❷のイージーシュートにつなげることができる。

Offense Skill ⑦　　　Off Ball Screen

オフボールスクリーン

ボールのないところでフリーのレシーバーを作るためのオフボールスクリーン。
ディフェンスの対応に応じて、臨機応変にチャンスを作れるようにしておこう。

●表からのスクリーン①（スイッチ対応された場合）

1 ウイングポジションのオフボールマン❶のマークマン①に対するオフボールスクリーン。

2 オフボールポジションの①に対して❷が斜め後方からスクリーンをセットする。

3 スクリーナー❷は①がリバースターンできないようにインサイドフットを挟むようにスクリーンをセット。

4 ❶はパスを受けにボールマンに向かってカット。ディフェンダー②はパスディナイのためパスラインを守る。❷は空いているインサイドにダイブ。

オフボールスクリーンでは、スクリーンに行くコースが非常に重要なポイントになります。直線的にスクリーンをセットに行ったとしても、相手がスクリーンを予測しなければ何も起こらないことがあるからです。

スクリーナーは、スクリーンが起こることを相手が認識できるようにスクリーンをセットすることが大切になります。

スイッチ対応してくるディフェンスに対しては、スクリーンを当てる角度も重要になります。ディフェンダーのインサイドフットに体を密着させて、リバースターンをさせないことで、スイッチ後にスクリーナーの内側のポジションを生かした攻撃につなげることができます。

スクリーンのセットアングル

❷はマークマン②に分かるように①に対して斜め後方からスクリーンをセット。スイッチディフェンスが起きたところでスクリーナー❷がインサイドにダイブしてパスを受ける。

❷が①のインサイドフットに対して斜め後方から体を密着させてスクリーンをセットすることで、①はリバースターンできなくなる。

5 ❷は正しいアングルでスクリーンをセットすることで①を置き去りにできる。

6 大きく空いたインサイドのスペースにダイブする❷にパスを入れてイージーシュートにつなげる。

107

●表からのスクリーン②（ファイトオーバーされた場合）

　オフボールスクリーンでユーザーのマークマンがファイトオーバーしてきた場合、スクリーナーにチャンスが生まれます。

　ユーザーのマークマンがタグディフェンスになるため、スクリーナーのマークマンはヘルプポジションに残る必要があります。スクリーナーのステップアウトにパスを入れて2ポイントシュートを狙いましょう。

パスアウトからのオフボールスクリーン例。パスアウトと同時に❸が②にスクリーンをセット。

❸のパスアウトをウイングポジションの❶がレシーブ。

パスアウトと同時に❸はオフボールポジションの❷のマークマン②に対してスクリーンのセットに向かう。

②がスクリーンをファイトオーバー。

❸はインサイドのヘルプポジションに残るので❸がフリーの状態ができる。

❶はアウトサイドでフリーになった❸にスキップパスを出す。

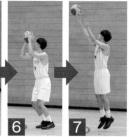

フリーで2ポイントシュートを狙う。

●表からのスクリーン③（スライド対応された場合）

オフボールスクリーンに対してスライド対応された場合は、ディフェンダーがマークマンをスイッチした直後に、パスラインをディナイするディフェンダーに対して、もう一度スクリーンをセットすることで、チャンスが生まれやすくなります。

ディフェンダーに再度スイッチディフェンスを課すことでチャンスを生み出しましょう。

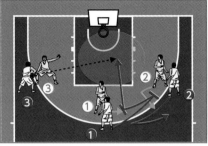

❶のスクリーンに対してスライド対応された場合、ディフェンダーのスイッチ直後に再度リバーススクリーンをセット。

トップの❶がウイングポジションのオフボールマンのマークマン②にスクリーンをセットするために移動する。

スクリーンを使って②がコート中央に移動。②はスクリーンに対してスライド対応で①とマークマンをスイッチする。

スイッチと同時にディフェンダー①は❷へのパスラインをディナイする。

ディフェンダー①に対して❶がリバーススクリーンをセット。❷はフレアカットを装いディフェンスのスイッチを促す。

❶は②の動きに注意しながら、マークマンをスイッチした瞬間に、ゴールに向かってインサイドの空いたスペースにダイブする。

❶がインサイドでフリーの状態でパスを受けてシュート。

109

●裏からのスクリーン①（スイッチ対応された場合）

トップでのオフボールスクリーンでも、スイッチ対応に対しては、スクリーナーのチャンスを生かすことができます。ここでもスクリーンに向かうコースとセットアングルが重要になります。

1 トップのオフボールマン❶のマークマン①に対するオフボールスクリーン。

2 ❷がマークマン②に対して、①にスクリーンに行く意図がわかるコース取りでピックに向かう。

スクリーナーがピックに向かうコース

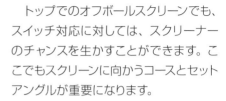

❷が直線的に移動するとスイッチしないことがあるため、②にスクリーンを意識させるコース取りが重要になる。

3 ❶は❷のスクリーンを利用してフレアカットすることで、②はスイッチディフェンスに備えてヘルプポジションに移動する。

4 ❷が①の外側からスクリーンをセット、❶はボールマンを見ながら外にフレアカット。スイッチディフェンスを誘発する。

5 ❷は①に体を当てると同時にゴールに向かってインサイドのスペースにダイブする。

6 ❷はゴール前の広いスペースでフリーの状態でパスを受けることができる。

●裏からのスクリーン②（ファイトオーバーされた場合）

オフボールスクリーンに対してファイトオーバーしてくるチームに対しては、スクリーナーにチャンスが生まれるのはフレアスクリーンの場合もオフェンストランジションの場合も同じです。

スクリーナーは広い視野でボールマンの状況を見たうえで、スペースに移動して、まずはパスレシーブからの2ポイントシュートを狙いましょう。

❸はパスアウト後にオフボールスクリーンをセット。ファイトオーバーされた場合、スクリーナーにチャンスが生まれる。

1 オフェンストランジションから❸のパスアウトをウイングポジションの❶がレシーブ。

2 パスアウトと同時に❸はオフボールポジションの❷のマークマン②に対してフレアスクリーンのセットに向かう。

3 ❸は②の外側からフレアスクリーンをセット。

4 ❷がスクリーンを利用してフレアカット、②はファイトオーバーする。❸はスイッチに備えて❷のカットコースのヘルプポジションに止まる。

5 アウトサイドでフリーになった❷は、コート中央に移動して❶からのパスを受ける。

6 ❷はフリーの状態でパスレシーブからの2ポイントシュートを狙うことができる。

ファウルを取られやすいスクリーナーのプレー

　スクリーナーはイリーガルスクリーンにならないように注意することが大切です。勢いよくスクリーンをセットした後のスクリーン＆アウェーの際に、無意識であっても、相手を突き飛ばしてしまったり、スクリーンを避けて走ろうとする相手のコースに入ってしまわないように注意しましょう。

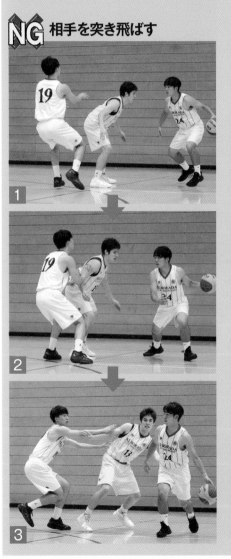

NG 相手を突き飛ばす

NG 腰を突き出す

Part 3
3×3 に生きる
ディフェンススキル

マークマンを早く捕まえてパスアウトをディナイする

**3X3のディフェンスはボールアウトから始まり、次にゴールを守る。
相手に時間をかけさせ、得点の期待値が最も高いところのチャンスを消そう。**

3X3のディフェンスは、オフェンスからディフェンスに変わるトランジションディフェンスとセットプレーからのディフェンス局面の2つになります。

トランジションディフェンスでは、自分のマークマンのピックアップをできる限り早くするのがポイントです。また、ボールマンに対してはプレッシャーをかけ、できるだけパスアウトさせずにドリブルアウトさせることで、攻撃できる時間を削ることができます。

セットプレーに対するディフェンスではスクリーンへの対応がポイントとなります。相手チームのスカウティングなど

をすると同時に、スクリーンにどう対応して行くかをチームで共有しておくことが大切です。

3X3のディフェンスのポイント

- ●ディフェンストランジションで自分のマークマンのピックアップを早くして、ドリブルアウトを促し、プレッシャーをかける。

- ●アウトサイドでは、とにかくタイトにマークして2ポイントシュートを打たせない。

- ●ボールマンに対しては0アームポジションで守る。シュート局面ではハンズアップして絶対にファウルをしない。

- ●スカウティングのもとにチームとしてスクリーンに対するディフェンスの考え方を準備しておく。

POINT 1 ドリブルアウトさせて時間をかけさせる

ディフェンストランジションでは、素早いパスアウトを阻止して、ドリブルアウトをさせてプレッシャーをかけて行くことを心がけましょう。

アウトサイドへのボール運びに時間をかけさせることで、攻撃にかける時間を削ることができます。12秒のショットクロックを味方につけて粘り強く守ることで焦りからのミスや相手のプレー精度の低下を促しましょう。

POINT 2 スクリーンに対する準備をしておく

セットプレーからは、ディフェンスのズレを作るためのスクリーンをセットされるケースが多くなります。ピック&ロールやオフボールスクリーンを仕掛けられたときにどう対応するかを準備しておくことが大切です。

また、スクリーンの対応によって、チャンスが生まれるプレーヤーが変わります。相手チームをスカウティングして、どのプレーヤーにボールを持たせると失点のリスクが高くなるかを考えて、スクリーンの対応を考えるのもいいでしょう。

POINT 3 シュートファウルは絶対にしない

ボールマンに対しては徹底的にプレッシャーをかけて、思い通りにプレーさせないのが基本です。とはいえ、相手がシュート体勢に入ったり、ランニングステップを開始した瞬間は例外です。

シュートモーションに入ったプレーヤーに対しては、ハンズアップしてファウルを取られないようにしましょう。

シュートファウルの1ショットを与えてしまうと、期待値の高いシュートを決められたのと同じことになってしまいます。「アンド1ショット」を絶対に与えないように心がけましょう。

POINT 4 リバウンドに行くメリットとデメリットを考える

リバウンドに行くか行かないかは、そのメリットを考えて、チームで方針を決めておくことが大切です。

インサイドではボックスアウトするのが基本ですが、アウトサイドシュートが多いため、ゴールから離れたところに落ちるボールも多くなります。

アウトサイドからダイブすることで、もしリバウンドが取れなくても、相手よりゴールに近いポジションを取れるのがメリットです。デメリットとしては、マークマンのピックアップが遅れることです。

これらの判断は、相手チームがリバウンドに行くチームなのか、身長や技量にミスマッチがあるかなど、事前のスカウティングも非常に大切になります。

トランジションディナイ

オフボールディフェンスの基本はパスラインの「ディナイ」。
トランジションでは徹底的にパスラインを守りドリブルアウトさせる。

オフボールマンに対するディフェンスの基本はクローズスタンスの「ディナイ」です。

トランジションでは、インサイドのボールマンに対しては、ボールにプレッシャーをかけながら、パスラインを守ります。

それと同時に、オフボールのポジションではマークマンを素早くピックアップし、フットワークを駆使してパスラインをディナイすることが大切です。

簡単にパスアウトをさせずにドリブルアウトさせることでショットクロックを削ることができます。

●ウイングポジションでのディナイ

1

リバウンドが相手チームに入りそうだと判断したら、素早くマークマンのピックアップに走る。

2

パスラインに手を伸ばしながらマークマンをピックアップ。

3

肩越しに広い視野でボールマンとマークマンの動きをチェックする。

4

粘り強くパスラインをディナイすることでパスアウトさせずにドリブルアウトに持ち込む。

ドリブルアウトディフェンス

**ドリブルアウトに対しては強いプレッシャーでできる限り時間をかけさせ、
コーナーに追い込むことができればチームディフェンスが楽になる。**

3X3の勝敗を分ける大きなポイントとなるのが、ボールの所有権が入れ替わる「トランジション」です。

得点後や相手チームにリバウンドを取られたときに、すぐにパスアウトされてしまうと、プレーの主導権を握られてしまいます。

まず考えなければならないのが、簡単にパスアウトをさせずに、ドリブルアウトをさせることです。次に大切なのが、ドリブルにプレッシャーをかけること。ボールを奪えなくても、時間をかけさせたり、コーナーに追い込むことで、相手の攻撃チャンスは大幅に縮小します。

●ドリブルアウト中に2回ターンさせる

1 得点後やリバウンド後は、まずパスアウトできないようにプレッシャーをかける。

2 パスアウトにプレッシャーをかけてドリブルアウトに誘い込むことに成功。

3 ボールを奪えないまでもターンをさせてドリブルアウトに時間をかけさせる。

4 距離を詰めて、ドリブルチェンジを誘って、ミスの確率を高め、時間をかけさせる。

5 ファウルをせずに体を密着させ、プレッシャーをかけ続ける。

6 2回ターンをさせることができればディフェンス成功と言える。

●コーナーに追い込む

　オンドリブルディフェンスの基本は、ドリブラーをコーナーに追い込むことです。コーナーに追い込むことで、ドリブラーのパスラインを限定することができ、チームディフェンスが大幅にしやすくなります。また、12秒以内にシュートを打たなければならないので、焦りも生じてミスも起こりやすくなります。

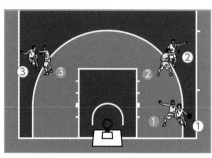

ドリブラーをコーナーに追い込むことでパスラインが限定され、パスミスやハンドリングミスを起こしやすくなる。

パスの方向づけとディナイを駆使してパスアウトを阻止する。　　ドリブルコースに入ってプレッシャーをかける。

ボールを奪いに行くのではなく、体を寄せてドリブルチェンジを誘い、できるだけドリブルアウトに時間をかけさせる。

ドリブラーが背を向けた瞬間に上からプレッシャーをかけ、コーナーに追い込むことでチームとしても守りやすくなる。

ディフェンススキル

ディフェンスマッチアップ

**ボールマンに対するオンボールディフェンスの基本は0アームポジション。
2点につながるシュートやファウルを避けることを優先的に考える。**

3X3でアウトサイドでのボールマンに対するディフェンスは、ボールマンとのスペースを空けずに守る「0アームポジション」が基本です。

3X3では、相手に少し触れてもファウルにならないので、タイトにマークして2ポイントシュートを打たせないことを考えましょう。ドライブに対するファウルは気にせず、シュートファウルのみしないように気をつけることが大切です。

●オンボールポジション

1

ボールマンとオフボールマンの双方に強いプレッシャーをかけることでミスを誘う。

2

ボールの移動に合わせて手でトレースしてボールにプレッシャーをかけ続ける。

●オフボールポジション

パスラインに手をかざして、パッサーとマークマンの両方が視野に入るクローズドスタンスが基本。

3

ボールをどこで保持されても、ボールとの距離を詰め、パスラインを限定することが大切。

Defense Skill ④　Post Defense　Off Ball
ポストディフェンス（オフボール）

**ポストアップされた場合は、パッサーに対するディナイと同時に、
レシーバーに対してはパスラインを絞らせないようにポジションを変えながら守る。**

ボールを持たれると失点のリスクが高くなる、ゴール近くでのディフェンスがポストディフェンスです。

0アームポジションで守ると、カットされたり、体を入れ替えられてシールされる危険があるため、多少マークマンから体を離して守るようにしましょう。

ボールマンは0アームポジションで守られているので、ポストディフェンスはできるだけポジションを変えて守ることで、ボールマンにパスラインをしぼらせずにパスフィードのミスを誘いましょう。特に体格のミスマッチがある場合に有効です。

●ポストマンディフェンスのフットワーク

パスラインに手をかざして、「1アームポジション」で守る。

ポストマンに対して上にポジションを取ったディナイ姿勢。

左足を軸に右足を移動させてフロントポジションを取る。

どのポジションに移動してもパスラインをしっかり守ることが大切。

下→フロント→上のポジションの移動はこれまでの逆のフットワークで行なう。

ポジションを変えながら、動き回ることが大切。

●パッサーへのプレッシャー

1 ボールマンディフェンスは、体を密着させた0アームポジションが基本。レシーバーと連動してパスラインを守る。

2 ボールの移動に合わせて手をトレースさせ、常にプレッシャーをかけ続ける。

4 ボールの移動に合わせてポジションを入れ替える。

5 右足を軸にリバースターンで左足を移動させる。

6 上体をしっかり密着させたまま下のポジションに移動する。

10 動き回ることで、パッサーは安全なパスラインを見つけにくくなる。

11 どこに移動しても必ずパスラインにプレッシャーをかける。

12 ターゲットハンドに合わせてパスラインをトレースする。

Defense Skill 5　　　　　　　　　Post Defense　On Ball

ポストディフェンス(オンボール)

ゴール近くでのドリブルに対してはボールにプレッシャーをかけながら
押し込まれないように全力で守る。

●パワードリブルに対して

1 ゴール近くでボールを持たれたら失点のリスクが高くなる。シュートを阻止するために最大のプレッシャーをかける局面。

2 パワードリブルを開始。押し込まれないように低い姿勢で体を寄せる。

3 プレッシャーをかけて押し戻すのが理想。全身を使って押し込まれないようにする。

4 シュートモーションに入る前であればファウルを恐れずに全力でプレッシャーをかけ続ける。

ゴール近くでボールを持たれた場合は、最大のプレッシャーをかける必要があります。パワードリブルに対しては、押し込まれないように、全身を使って守ることが大切です。

同時に大切なのが、ボールにプレッシャーをかけてミスを誘うことです。つねにハンドチェックを忘れないようにしましょう。シュート前であれば、ファウルを取られても問題ありません。

ただし、シュートモーションに入ったところで、かならずハンズアップすること。バスケットカウントで２点の失点だけは避けることが大切です。

●前方からのボールプレッシャー

1 ゴール近くでボールを持たれ、ドリブルを開始された状況。

2 パワードリブルに対して力で対抗するだけでなく、積極的に手を出すことが大切。

3 ボールにプレッシャーをかけ続けることでミスも起こりやすくなる。

●後方からのボールプレッシャー

1 体の反対側でドリブルされ、前からボールにプレッシャーをかけられない状況。

2 手が届くようなら後方からハンドチェックするのも選択肢の一つ。

3 状況に応じて常にボールにプレッシャーをかけ続けることが大切。

Defense Skill 6　SCREEN DEFENSE ❶ Switch

スクリーンディフェンス①　スイッチ

オンボールでは、スイッチディフェンスでスクリーナーに生まれるチャンスを潰す。
オフボールスクリーンに対しては「スライド」で対応する。

●オンボールスクリーンの場合

　ピック＆ロールを仕掛けられたときに
スクリーナーにパスを入れられたくない
ときのディフェンスが「スイッチアンダー」
です。スクリーンが起こったところで、
味方プレーヤーと連携してマークマンを
スイッチし、スクリーナーのスリップを
予測して素早く低いポジションに移動し
ましょう。

②のスクリーンセットと同時に❶と❷がスイッチ。❶は素早くステップバックして②のダイブに備える。

スクリーンをセットされた瞬間に素早くマークマンをスイッチ。❶は深追いしてスクリーンにかからないように注意する。

ユーザーのマークマン❷が①のドリブルコースに入ってドライブを阻止。❶は素早くステップバック。

❶は素早く下がって②のカットコースに体を入れる。❷はドリブラー①をできるだけ高いポジションに追い込む。

●オフボールスクリーンの場合

オフボールスクリーンに対しては、スライド対応が基本となります。スクリーンがセットされたときに、ユーザーのマークマンはスクリーンの下を通って移動、スクリーナーのマークマンとマークをスイッチします。

ユーザーのマークマンがスクリーンにピックされてしまうとスクリーナーにインサイドのポジションを取られてしまうので、スクリーンが起こると判断したときのディフェンダー同士のコミュニケーションが大切です。

❶に対して視野の外から❷がスクリーンをセットに向かう。このとき❷はスクリーンが起こることを❶にコールすることが大切。

❶は素早くスクリーナー❷の下に回り込む。❷はユーザー❶のカットコースを見極める。

マークマンをスイッチ。❷は❶のカットコースに入り、❶は❷の下にポジションを取る。

❷は❶のパスラインをディナイ、❶は❷のインサイドのチャンスの目を摘む。

Defense Skill 7 SCREEN DEFENSE 2 Show & Back

スクリーンディフェンス② ショウ&バック

**スクリーンをファイトオーバーするときのヘルプディフェンスが「ショウ&バック」。
ボールを奪うのでなく、味方ディフェンダーを追いつかせるのが目的とされる。**

●オンボールスクリーンの場合

ピック&ロールに対してファイトオーバーするときは、スクリーナーのマークマンがドリブルコースに入る(ショウ)ことで、ドリブルコースを変更させ、ボールマンのマークマンが追いつくまでの時間を稼ぐことが大切です。

スクリーナーのマークマンはショウの直後に自分のマークマンに素早く戻ることが大切です。そのためにも、大きく前に出ずに、ドリブラーにスピードダウン

②のスクリーンに対して❶のファイトオーバーを助けるため、❷が❶のドリブルコースにショウしてコースを変え、そこから素早く下がって②のダイブを守る。

させ、コースを変えさせる程度の意識でショウすることが大切です。

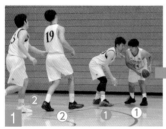

①ウイングポジションのボールマン①に対して②がスクリーンをセットに向かう。

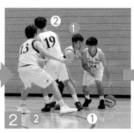

②①がドリブルを開始。❶がファイトオーバー。

③❷が❶のドリブルコースに腕を伸ばして1歩踏み出す(ショウ)。

④❶は❷を避けるため、❶が入るスペースができる。

⑤❷はスクリーナー②の動作を感じたら、素早くステップバック。

⑥❷は素早く②の下のポジションに入ってインサイドのスペースを消す。

●オフボールスクリーンの場合

オフボールスクリーンでスライドできない場合は、スクリーナーのマークマンがボールサイドにカットするユーザーのコースにショウして、ユーザーのマークマンのファイトオーバーを助け、素早く自分のマークに戻ります。

ピック&ロールのときと同様に、カッターのコースにショウする目的は、ファイトオーバーのスペースを作って、タグディフェンスを解消することです。すぐに自分のマークマンに戻れるように必要最低限の動きにとどめることが大切です。

ウイングポジションの①に対して②がスクリーンをセット。❶が遅れてスライド対応できない状況。

②のスクリーンを❶がファイトオーバー。❷が①のカットコースにショウして、素早く下がって②のダイブを守る。

❶はファイトオーバーしようとするも、スクリーンにピックされてタグディフェンスになる。

❷が①のカットコースにショウすることで、①がスピードを緩めるため、❶がファイトオーバーするスペースができる。

❷はショウすると同時に踏み出した足で床を後方に蹴って②のマークに戻る。

❷が素早く②のマークに戻ってディナイすることで、インサイドからの攻撃チャンスの芽を摘むことができる。

Defense Skill ⑧　　Defense Rebound

ディフェンスリバウンド

**インサイドにいるプレーヤーは基本のボックスアウト。アウトサイドのプレーヤーは
マークマンの内側のポジションをキープしながら様子を見る。**

ウイングポジションから②がドライブを開始。❶と❸はヘルプに入らずに自分のマークマンについた状態。

②がクイックストップからジャンプシュート。ポストエリアの❸が自分のマークマン③をピックアップするために動く。

❸はボールの軌道を見ながら③をボックスアウトする。トップの❶はマークマン①とボールが視野に入るポジションを取る。

リバウンドにおいて、インサイドでは
ボックスアウトが基本です。ボールの軌
道を視野に入れながら、半身の姿勢で
マークマンをシールしましょう。

アウトサイドのプレーヤーは、相手チ
ームがオフェンスリバウンドに来るかど

うかによって決まります。ダイブしてボー
ルが手につかなくても、内側のポジショ
ンを取れるので、それほど大きなリスク
はありません。

背の小さいチームはボールを弾いて、
スペースでボールを確保しましょう。

❸は③のボックスアウトを続け、トップの❶はマークマン①
の動向をうかがう。

ボールがリングに当たるまで❸は③をボックスアウト。❶は
①のダイブに備えてその場にステイする。

❸はボールが落ちたところでリバウンドに向かう。相手が競
りにきた場合はスペースにボールを弾くのもよい。

Defense Skill 9　No Help

ノーヘルプのセオリー

**インサイドの1ポイントを捨て、アウトサイドからの2ポイントを守るのであれば
味方がドライブで破られても原則的にヘルプには入らない。**

ディフェンススキル

ボールマンに対するディフェンスが破られても基本はノーヘルプ。2点の失点のリスクをなくすことを優先に考える。

　3X3のディフェンスのポジショニングも基本はフラットトライアングルですが、5人制の場合とは少し異なります。

　3人制でヘルプに入ってしまうと、ローテーションが難しく、フリーのプレーヤーに2ポイントシュートを打たれてしまうので、原則的にはノーヘルプとなります。とはいえ、マークマンが1ポイントポジションにいる場合はヘルプに行ってもそれほどリスクは変わりません。

5人制のフラットトライアングル

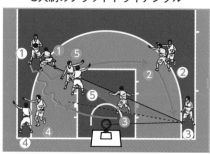

5人制の2パスアウェーのヘルプポジション。❸がヘルプに行っても周囲のプレーヤーがカバーできる。

3人制のフラットトライアングル

3X3のフラットトライアングル。2ポイントシュートのリスクを考え、❸はヘルプポジションには入らない。

ヘルプディフェンスに出るデメリット

　5人制のようなヘルプポジションに入ってしまうと、マークマンにパスが出された場合にカバーに入るプレーヤーがいないため、マークマンにフリーで2ポイントシュートを打たれてしまいます。ゴール近くから1ポイントシュートを打たれたとしても、2ポイントを打たれるよりチームとしてのダメージは小さくなります。

NG ヘルプに出ることで2ポイントシュートを打たれる

1

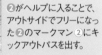

2

❶のディフェンスが破られ、❶がドライブを開始。ヘルプポジションにいた❷がドライブコースにヘルプに入る。

❷がヘルプに入ることで、アウトサイドでフリーになった❷のマークマン❷にキックアウトパスを出す。

3

❷をケアできるプレーヤーがいないため、❷のリカバリーが間に合わず2ポイントシュートを打たれる。

Defense Skill ⑩　　　　　　　　Help & Rotation
ヘルプ&ローテーション

ヘルプかノーヘルプかは相手によっても変わる。スカウティング次第で確率の低い
プレーヤーにシュートを打たせるためのヘルプの選択肢も考えておこう。

●トップからのドライブに対するヘルプ

❶のディフェンスが破られそうな場合、①がトップからドライブを開始。❷はマークマン②を少し離してヘルプポジションに立つ。

❶が完全に破られ、❷がヘルプに入る。❶はフリーになった②に向かってローテーションする。

①から②へのキックアウトパス。❶は②に向かってスプリントする。

❶はラン&ジャンプで②のパスレシーブからのジャンプシュートを阻止する。

シュートフェイクからのドライブで切り返されないように気をつける。

3X3のディフェンスは基本的にはノーヘルプとされていますが、完全にディフェンスが破られてしまった場合は、状況によってチームとして約束事を決めたうえでヘルプに入るのもいいでしょう。

ヘルプが起きた瞬間に3人が連動して、ラン&ジャンプでフリーのプレーヤーをピックアップできるようにしておくことが大切です。

①のドライブに対するヘルプ&ローテーション。③の2ポイントシュート成功率が低いときなどに有効。

●ウイングポジションからのベースラインドライブに対するヘルプ

ウイングポジションのボールマン②がドライブを開始。❷が破られたと見て、❸がヘルプに走る。同時に❶が③のマークマン③に向かって移動を開始。

②から③へのキックアウトパスに対して❸はパスラインにハンズアップ、❶は③に向かってスプリントする。

ラン&ジャンプで❶は③のパスレシーブからのジャンプシュートを阻止。❷はフリーになった①のマークにつく。

●ウイングポジションからのミドルドライブに対するヘルプ

ウイングポジションのボールマン②がミドルドライブを開始。②が破られたと見て、③がドライブコースにヘルプに走る。

③がヘルプに入ったところで②はマークを受け渡し、③に向かってスプリントを開始する。

②はラン＆ジャンプで③のパスレシーブからのジャンプシュートを阻止する。

事前のスカウティングで確率の低いプレーヤーにシュートを打たせるようにヘルプに入るかどうかを考えると効果的。

Part 4
3×3独特の動きが身につく練習法

実戦に使える「生きたスキル」
を「生きた練習」で身につける

練習でできないことは試合でもできない。試合で活躍するためには試合に近い
プレーを練習することが大切。生きた練習で「生きたスキル」を身につけよう。

　実戦に役立つスキルを身につけるた
めには、実戦と同じ動きの中で練習す
るのが一番です。実戦の動きを切り取
った練習をすることで、試合での動きも
よくなります。

　例えば、シュート練習をするにしても、
ディフェンスをつけずに、その場でジャ
ンプシュートを打つ局面は試合ではあり
ません。ジャンプシュートを打つ場合は、
カットからのパスレシーブ、ドリブルか
らのクイックストップやステップバック
など、シュートにつながる動きの中でシ
ュートしているはずです。

　よく使うプレーなどに関しては、実戦
と同じ体勢や同じパスアングルからの
シュートを練習しておくといいでしょう。

効率よく上達するためのドリルのポイント

- ●実戦の動きを切り取って、具体的な状況を想定したドリルを
  行なう。

- ●単なるスキルだけのドリルではなく、動きを身につけたら状
  況判断が必要な要素を入れる。

- ●ディフェンスなし→ダミーディフェンス→ライブの順に、徐々
  に強度を高めて行くと効果的。

POINT ① 実戦の局面を切り取った練習をする

練習を効果的にするには、試合の局面を切り取った練習をして行くことが大切です。これはシュート練習一つをとっても同じことが言えます。

シュートを打つときにディフェンスのプレッシャーがなく、自分のタイミングで打てるシュートは、試合中ではフリースローしかありません。

POINT ② 慣れてきたら負荷を高める

基本的な動きや姿勢に慣れてきたら、徐々に練習の負荷を上げて、実戦に近づけて行くことで、より実戦に生きる練習をすることができます。

動きの複雑な練習に関しては、ディフェンスをつけない練習を紹介していますが、慣れてきたら、徐々に負荷を高めて行きましょう。

まずディフェンスをつけずに行ない、次にダミーディフェンスをつけます。ディフェンダーが立っているだけでも、なかなか上手くいかないものです。そして最後にライブで行なうことで、判断力に磨きをかけることができます。

練習の負荷を高めるステップ

① ディフェンスをつけずに行なう

※まず基本の動きを身につける。

② ダミーディフェンスをつける

※人を置いてスペースや間合いを意識させ、状況判断の要素を入れる。

③ ライブで行なう

※②をさらに高い強度で行ない、実戦に近づける。

POINT ③ 動きをなぞるのではなく状況判断の要素を入れる

実戦では、あらゆる場面において状況判断が求められます。判断力を高めるには、判断が必要な状況での練習をしておく必要があります。

例えば、スクリーンのディフェンスの対応によって、空くスペースが変わります。スクリーンプレーを成功させるためには、ディフェンスの対応に合わせたプレーの選択が必要になります。これは、スクリーナーとユーザーの両方に必要なスキルとなります。基本の動きに慣れたところでライブの練習もしておくことが大切です。

ピック&ロール（スイッチ対応）

スイッチ対応された場合はインサイドにできたスペースにスクリーナーがダイブ。

ピック&ロール（ファイトオーバー）

ファイトオーバーされた場合は外にできたスペースにスクリーナーがフレアカット。

3X3 Practice ①　　　　　　1 on 1 from Outlet Pass

アウトレット 1on1

**3X3のトランジションの練習。パスアウトに対するアーク外のプレーヤーと
それをマークするディフェンダーとの1on1の練習。**

強くなるための練習法

　パスアウトからの1on1ドリルです。レ
シーバーがスペースに移動してパスを受
け1on1を行います。ポジションの優位
性を生かして素早く移動することが大
切です。

　ディフェンダーに条件をつけて負荷を
かけることで、ディフェンストランジシ
ョンでのマークマンのピックアップの練
習になります。

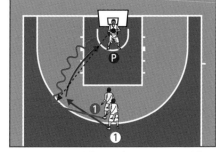

ゴール下のパッサーが❶のトップからのカットにパスを入れ、
ディフェンダー①と1on1を行なう。

ゴール下のパッサ
ーからアウトサイド
でパスを受ける。

1

2

空いたスペースに走り込んでマークマ
ンとのズレを作ってパスレシーブ。

3

マークマンに内側につかれる前にパス
レシーブからのクイックドライブを開始。

4

ドライブインしたところでランニングシュ
ート。

アドバンテージ 1on1

**オフェンスにアドバンテージを与え、
ディフェンスに負荷をかけた1on1。**

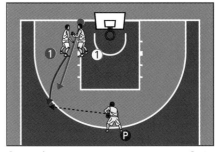

　ディフェンダーはペイントエリアのコーナーに足で触れてからマークマンをピックアップして1on1を行なうドリルです。オフェンスプレーヤーは余裕があるときは2ポイントシュートを狙っても構いません。ディフェンスの条件を増やすことで、ディフェンスにかかる負荷をさらに強くしたドリルになります。

❶がトップのパッサーにパス。パッサーのコールで①がアーク外にカットしてパスを受ける。❶はペイントエリアのコーナーに足でタッチしてから①をピックアップして1on1を行なう。

1 リバウンダーからスペースに移動するレシーバーにパス。

2 ドライブからシュートし、自分でリバウンドをキャッチ。

3

ディフェンダーはそのままシューターになる。パッサーにパスを出してからペイントエリアのコーナーに足でタッチする。

4 シューターはアーク外に出てパスを受ける。ディフェンダーはコーナータッチからピックアップに向かう。

アドバンテージ 1on1 ②

コーナーとエルボーにタッチ

レシーバーにさらにアドバンテージを与えたアドバンテージ1on1。ディフェンダーはペイントエリアのコーナーとエルボーに足でタッチしてからマークマンのピックアップに向かう。ディフェンダーにかかる負荷が大きくなる。

5 ドライブ

パスレシーブからドライブを開始。1on1を始める。

5 シュート

余裕があればレシーバーは2ポイントシュートを打つ。

3X3 Practice ③　　　1 on 1 from Dribble Outl

ドリブルアウト 1on1

**パスアウトができずに、ドリブルアウトになったときを想定したドリル。
ドリブルアウトから反転してのドライブなので高度なドリブルスキルが身につけられる。**

パスアウトをディナイされ、ドリブルアウトになったところからの1on1のドリルです。ドリブルアウトする方向はどこでも構いません。

ドリブルアウトにプレッシャーをかけられ、ドリブルアウト後にパスを出せない状況を想定して1on1を行ないましょう。

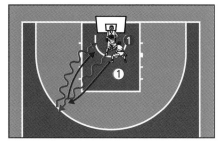

ゴール下の❶のリバウンドキャッチと同時にディフェンダー①を振り切ってドリブルアウトからドライブの1on1を行なう。

ミドルレーン方向へのドリブルアウト

1
リバウンドキャッチと同時にディフェンダーがプレッシャー。

2
ディフェンダーに回り込まれたらミドルレーンにドリブルアウトする。

3
ディフェンダーはドリブラーに2回ターンさせることを目標に守る。

2
リバウンダーはディフェンダーを振り切ってドリブルアウトする。

3
アーク外に出たところで反転してドライブを開始する。

4
ディフェンダーはドリブルアウトからシュートまで継続してプレッシャーをかけ続ける。

アウトレット 2on2

3X3のピック＆ロールの攻防のドリル。
ディフェンダーの対応を正しく判断してチャンスとなるプレーを選択しよう。

　ピック＆ロールのディフェンダーの対応に合わせて、チャンスを作ってシュートにつなげるための練習です。

　ディフェンスの対応が、スイッチ対応なのか、ファイトオーバーしてくるのかを判断して、チャンスが生まれるスペースにスクリーナーがカットしてパスを受けましょう。

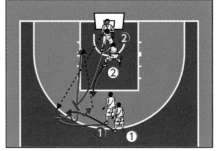

ゴール下の❷が❶にパスアウト。同時に❷がスクリーンをセットし、❶がドライブを開始。①と②がスイッチしたら、スクリーナー❷のダイブにパスを入れる。

1 トップにレシーバーが立ち、リバウンドのパスアウトからスタートする2on2。

2 リバウンドキャッチと同時にトップのレシーバーがスペースにカット。

3 カッターはマークマンとのズレを作り、リバウンダーからのパスをレシーブ。

4 リバウンダーはパスアウトと同時にピック＆ロールに向かう。

5 スクリーンを利用してボールマンがドライブを開始する。

6 ディフェンスがスイッチ対応してきたので、スクリーナーのダイブにパスを入れる。

3X3 Practice ⑤　　2 on 2 + Passer from Outlet Pass

アウトレット 2on2＋パッサー

パッサーを加えて行なうオフボールスクリーンのドリル。
ディフェンダーの対応を判断してパスを入れるパッサーのドリルにもなる。

オフボールスクリーンのディフェンスの対応から、どこにチャンスができるかを判断してパスを受けてシュートにつなげるドリルです。

スイッチダウン（スライド）、スイッチアップ、ファイトオーバーのいずれかを素早く判断して、チャンスを作るオフェンスムーブをすることが大切です。

❷は❸にパスアウトして、①にスクリーンをセット。ディフェンダー①と②の対応を見て❷と❸が判断する。

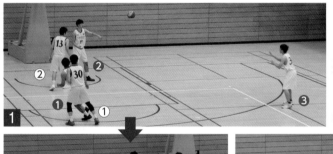

トップに立つカッター❶とリバウンダー❷の2人で行なう2on2のドリル。リバウンダーからウイングポジションに立つパッサー❸にパス。パスアウトと同時にカッター❶が移動開始。

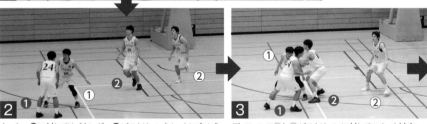

カッター❶に対してリバウンダー❷がスクリーンをセットに向かう。　ディフェンス①と②がスクリーンに対してスイッチ対応。

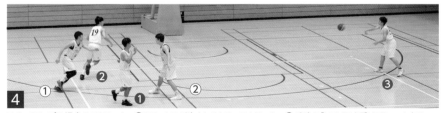

スイッチアップの場合はスクリーナー❷にチャンスが生まれるため、スクリーナー❷がダイブしてパスを受けてシュートする。

スペーシング 12sec

**パスとカットでボールを動かし続けるドリル。どのスペースが空いているか
味方がどのスペースを使おうとしているかを瞬時に判断することが大切。**

ペリメーターに立った３人のプレーヤーがスペースにカットしてパスを受け、パス&カットを12秒間くり返すドリルです。

ボールを止めずにパスを受けたら、すぐに次のパスを出すことが大切です。

パスを出すところがないと判断したらドライブ&キックして継続しましょう。

3人のプレーヤーがパス→カット→レシーブを12秒間くり返す。

1 アーク外に２人、ノーチャージセミサークル内にボールマンが立ったところからスタートする。

2 ボールマンのパスアウトと同時にもう一人のオフボールマンは空いたスペースに移動。パスを出したプレーヤーもアウトサイドに移動する。

3 オフボールマンのポジションが被らないようにパス&カットを12秒間くり返す。

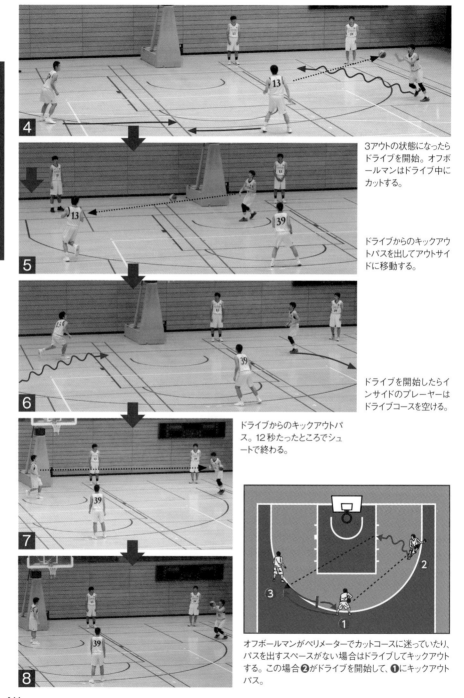

強くなるための練習法

4

3アウトの状態になったら
ドライブを開始。オフボ
ールマンはドライブ中に
カットする。

5

ドライブからのキックアウ
トパスを出してアウトサイ
ドに移動する。

6

ドライブを開始したらイ
ンサイドのプレーヤーは
ドライブコースを空ける。

7

ドライブからのキックアウトパ
ス。12秒たったところでシュ
ートで終わる。

8

オフボールマンがペリメーターでカットコースに迷っていたり、
パスを出すスペースがない場合はドライブしてキックアウト
する。この場合❷がドライブを開始して、❶にキックアウト
パス。

●スクリーンを想定したスペーシング 12sec

インサイドのボールマンからカッターへの
パスアウトでスタートする。

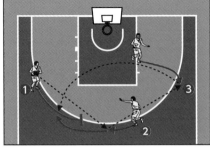

この場合は、❶がトップにカットした❷にパス。❷はウイン
グポジションの❸にパスを出した後、❶のスクリーンを使っ
てロブパスを受けるスクリーンプレー。

ボールを受けたプレーヤーがパスを出す
間にインサイドからアウトサイドにカット。

逆サイドのプレーヤーがオフボールスクリーンをセット。ボー
ルマンはパス&アウェーでスクリーンに向かう。

ユーザーにロブパスを入れ、インサイドのチャンスを狙う。ス
クリーナーはミドルレーンをゴールにダイブ。

ミドルレーンのクリーナーはドライブコースを空けるためにドリ
フト。もう1人のオフボールマンはドラッグしてトップに移動。

ドライブをしたところからキックアウトパス。パッサーはアウト
サイドの空いたスペースに移動する。

3アウトの状態になったところでパスレシーブからのドライブ
を開始。もう1人のオフボールマンはコーナーにドリフト。

コーナーにキックアウトパスを出す。ここで12秒経過したため
シュートを打って終わらせる。

強くなるための練習法

3X3 Practice ⑦ Shooting Drill ① Flair & Down Screen
シューティングドリル① フレア&ダウンスクリーン

**ダウンスクリーンからのチャンスを想定したシュートドリル。
ユーザーのダイブとスクリーナーのフレアカットに、同時にパスを入れてシュートする。**

4人1セットで行なうシューティングドリル。ウイングポジションの2人のプレーヤーがボールを一つずつ持ち、トップにシューターが2人立つ。

オフボールマンの1人がゴールにダイブ。もう1人のオフボールマンがウイングにフレアカット。それぞれのプレーヤーにパスを出す。

ダウンスクリーンから起こり得るシュートを想定したドリルです。

ユーザーのダイブとスクリーナーのフレアカットの動きの中でパスを受けてシュートをすることで、実際のチャンスと同じ体勢でパスを受けてからのシュートに近づきます。

ドリルを通じて体の使い方に慣れておくことで、成功率が高まります。

パッサー2人がウイングポジション、ユーザー役❶がトップ、スクリーナー役❷が逆サイドのウイングポジションに準備。❷のダイブと❶のフレアカットにパスを出しシュートする。

ダイブしたプレーヤーはレイアップ。フレアカットしたプレーヤーはアーク外から2ポイントシュートを打つ。

オフボールスクリーンからのユーザーのダイブとスクリーナーのフレアカットをイメージして、カットしたところでボールを受けることが大切。

3X3 Practice ⑧　Shooting Drill ②　Pick & Roll

シューティングドリル② ピック&ロール

**ピック&ロールから起こり得るシュートの精度を高めるためのドリル。
ディフェンスがいなくても、ディフェンスの対応を想定した動きをすることが大切。**

　ピック&ロールで、スクリーナーのダイブからのシュートと、スクリーン通過後のユーザーの2ポイントシュートのドリルです。実際のピック&ロールでスイッチ対応されたときの動きを想定したタイミングでパスを出すことが大切です。

❷と❶のピック&ロールから❷のダイブにパス。パスを出した直後の❶は❸からのパスを受けてシュート。

ゴール下にオフボールマンが1人、ウイングポジションにボールマンが2人立ち、1人がその場でドリブルを行なう。

1　**2**　**3**　**4**

オフボールマンがドリブルをしているボールマンにスクリーンをセットし、スクリーンを通過したところででスクリーナーがダイブ。

5　**6**

スクリーナーはユーザーからのパスを受け、インサイドでシュート。ユーザーもボールマンからパスを受けて2ポイントシュート。

●ピック&ポップ

　ピック&ロールで、ユーザーがドライブインしたところで、フレアカットしたスクリーナーにキックアウトパスでチャンスを作るパターンです。

　ファイトオーバーされて、スクリーナーのマークマンがドライブコースにショウしたときをイメージして行なうといいでしょう。

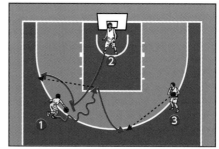

❷と❶のピック&ロールで❶がドライブイン。フレアカットした❷にパス。❶はポップしてパッサーからパスを受けシュート。

ゴール下にオフボールマンが1人、ウイングポジションにボールマンが2人立ち、1人がその場でドリブルを行なう。

ピック&ロールからスクリーナーが外にフレアする。　　　　ユーザーはドライブインしたところからキックアウトパス。

スクリーナーはパスレシーブから2ポイントシュートを打つ。ユーザーもパスを出した後にトップにポップアウトする。

ユーザーのポップアウトにパスを入れ、ユーザーもアーク外から2ポイントシュートを打つ。

3X3 Practice ⑨　　Shooting Drill③　　Wheel Action

シューティングドリル③ ホイールアクション

**パスアウトでドライブインしたところからのキックアウトパスを受けてのシュート。
ベースラインドライブとミドルドライブのときの合わせの動きを確認しよう。**

パスアウトからのドライブに対してヘルプが起きたときのキックアウトパスを想定したシューティングドリルです。

ドライバーはキックアウトパスを出した後に、コーナーにカットして、パスレシーブからの2ポイントシュートを打ちましょう。

❶から❷にパスアウト。パスを受けた❷がドライブ＆キックで❶がシュート。❷はコーナーに流れてパッサー❸からのパスを受けてシュートする。

ウイングポジションにボールマンとオフボールマンが立ち、ゴール下のボールマンからオフボールマンへのパスアウトからスタートする。

② レシーバーがベースラインドライブを開始。パスアウトしたゴール下のプレーヤーはトップに向かってカットを開始する。

③ ドライバーはペイントエリアに入ったところでカッターにキックアウトパスを出す。

④ パスを受けたプレーヤーは反転して2ポイントシュート。パッサーはコーナーにカットする。

⑤⑥ コーナーにカットしたプレーヤーはもう1人のボールマンからパスを受けて2ポイントシュートを打つ。

●コーナーへのキックアウトパス

パスアウトを受けたプレーヤーがミドルドライブを開始したときのシューティングドリルです。

パスアウトしたプレーヤーはミドルレーンを空けるため、コーナーにカットします。ドライバーはヘルプが起きたところでコーナーにキックアウトパスを出し、自分はトップに戻ってパスを受けてシュートしましょう。

❶から❷にパスアウト。❷がミドルドライブからキックして❶がシュート。❷はトップでパスを受けてシュートする。

ドライブ&キックと同じスタートポジションスタート。パスアウトからレシーバーがミドルドライブを開始。パッサーはコーナーに移動。

ドライブ&キックでコーナーにパスを出す。

コーナーでパスを受けたプレーヤーは2ポイントシュートを打つ。パスを出したドライバーはトップにカットする。

コーナーにカットしたプレーヤーはもう1人のボールマンからパスを受けながら反転して2ポイントシュートを打つ。

3X3 Practice ⑩　　Shooting Drill④　　Shoot & Follow

シューティングドリル④ シュート&フォロー

パスアウト時のパス&カットの状況判断と2ポイントシュートのドリル。シュート→リバウンド→アウトレット→パスレシーブ→シュートのループを正確に行なう。

1 トップとウイングポジションにボールマンが立ち、もう片方のウイングポジションにオフボールマンが立ったところから、トップのプレーヤーのシュートを合図にスタート。

2 シュートを打ったプレーヤーは自分でリバウンドに行く。同時にもう1人のボールマンがシュートを打って、自分でリバウンドに向かう。

3 最初にリバウンドをキャッチしたプレーヤーはオフボールマンにパス。パッサーはそのままアーク外にカットする。

2ポイントシュートとパスアウトのスキルに磨きをかけるドリルです。

3人のプレーヤーがペリメーターに立ち、2つのボールを使って、2ポイントシュートを打ちます。シュート後に自分のリバウンドに走り、ボールを持っていないプレーヤーに素早くパスを出し、ペリメーターの空いているスペースにドラッグしてパスを受けましょう。

3人のプレーヤーが2つのボールを使ってアーク外からシュートを打つ。自分のリバウンドをキャッチし、ボールを持っていないプレーヤーにパスアウトして、アーク外にカットする。

4

パスを受けたプレーヤーはパスレシーブから2ポイントシュート。リバウンドをキャッチしたもう1人のプレーヤーはパスアウト。

5

同様に、シュート→リバウンド→パスアウトからアーク外へのカット、パスレシーブからのシュートをくり返す。

6

ロングシュートなのでリバウンドのタイミングが合わなくなることも多い。

7

タイミングが合わない場合は他のプレーヤーのシュートやカットの邪魔をしないように注意する。

8

リバウンドキャッチと同時に、周囲のプレーヤーは合うペースを考えて移動を開始する。

様々なスタッツを知ることで さらに観戦が楽しくなる

**相手チームのスカウティングに役立つスタッツ分析をどう行なうのか。
プレーヤーでなくてもスタッツを知ることで、試合の観戦もさらに楽しくなる。**

スタッツを見ることで、そのチームがどのようなチームなのかを想像することができます。下表で紹介しているのがワールドツアーでの世界のトップチームのデータです。このデータをもとに、私の見方を紹介していきましょう。

各シュートの成功数と試投数と成功率（年間スタッツ）

チーム	1PM	1PA	1P%	2PM	2PA	2P%	FTM	FTA	FT%
A	214	330	64.8%	84	277	30.3%	74	107	69.2%
B	194	311	62.4%	98	326	30.1%	55	82	67.1%
C	154	239	64.4%	33	145	22.8%	63	81	77.8%
D	141	272	51.8%	42	156	26.9%	50	63	79.4%
E	118	198	59.6%	45	111	40.5%	35	52	67.3%
	1ポイントシュート成功数	1ポイントシュート試投数	1ポイントシュート成功率	2ポイントシュート成功数	2ポイントシュート試投数	2ポイントシュート成功率	フリースロー成功数	フリースロー試投数	フリースロー成功率

オフェンスリバウンド獲得率／ターンオーバー率／ファウル数

チーム	ORB	ORBC	OREB%	TO/G	Poss/G	TO%	FO/G
A	111	342	32.5%	4.6	34.0	13.5%	7.2
B	139	372	37.4%	4.5	36.0	12.5%	7.4
C	67	215	31.2%	4.8	33.8	14.2%	6.7
D	93	258	36.0%	4.1	33.6	12.2%	6.8
E	50	163	30.7%	4.9	31.5	15.6%	6.8
	オフェンスリバウンド獲得数	オフェンスリバウンド機会	オフェンスリバウンド獲得率	ターンオーバー1試合平均	1試合平均の攻撃回数	攻撃数に対するターンオーバー率	1試合平均のファウル数

得点期待値／2ポイントシュート試投率／フリースロー試投率

チーム	1P-EFF	2P-EFF	FT-EFF	2PA/FGA	FTR(FTA/FGA)
A	0.65	0.61	0.69	45.6%	17.6%
B	0.62	0.60	0.67	51.2%	12.9%
C	0.64	0.46	0.78	37.8%	21.1%
D	0.52	0.54	0.79	36.4%	14.7%
E	0.60	0.81	0.67	35.9%	16.8%
	大会を通じての1ポイントシュートの得点期待値	大会を通じての2ポイントシュートの得点期待値	大会を通じてのフリースローの得点期待値	大会を通じての2ポイントシュートの試投率	大会を通じてのフリースローの試投率

●得点期待値

Shooting Efficiency

例えば、NBAの試合を観るときに3ポイントの成功率が30%以下は低い、40%に近づくといいという基準があります。それに対して、3X3ではフィールドゴールの期待値の目安は0.6が基準になります。

「期待値0.6」とは、1ポイントシュート成功率（1P%）は約60%、2ポイントシュート成功率（2P%）は約30%、フリースロー成功率（FT%）は約60%の試算となります。実際は、3X3のトップチームではフリースロー成功率は70%前後になるため、他のシュートに比べてフリースローの期待値が非常に高くなります。

例えば、チームAのフリースロー期待値（FT-EFF）が0.69なのに対して、チームDでは0.79と約0.1の差があります（上表参照）。

このような理由から、3X3では終始コンタクトの激しいディフェンスをしていても、シュートの局面だけはファウルをしない傾向があります。

また、チームによって、2ポイントシュート期待値（2P-EFF）が高いチームや1ポイントシュート期待値（1P-EFF）が高いチームがあります。

チーム Aの試算例（P.154データ参照）

フィールドシュート得点期待値

1pt × ※64.8% = 0.65

※1ポイントシュート成功率

2pt × ※30.3% = 0.61

※2ポイントシュート成功率

フリースロー得点期待値

1pt × ※69.2% = 0.69

※フリースロー成功率

チームEは2ポイントシュートの期待値が0.81と高いですが、全体のシュートの約35.9%しか2ポイントシュートを打っていません（上表2PA/FGA参照）。一方、チームAとBを比べてみると、2ポイントシュートの期待値は同じくらいですが、チームBはシュートの半数以上2ポイントシュートを打っていることが分かります。

●2ポイントシュート試投率　2 Point Shoot Attempt Rate

シュートの種類によって期待値は異なるため、1ポイントシュートが多いチームに対してはどう守るか、2ポイントシュートが多いならどうするかなど、対戦するチームの試投率を見ることで、準備する守備の戦術も変わります。

2ポイントシュートの試投数を見るときに、期待値との関係も考えることが大切です。2ポイントシュートは得意でもあまり打たないチームなのか、積極的に打つチームなのかを知ることで、2ポイントを重点的に守るのかどうかなどの戦術を立てることができます。

それとは逆に、自分たちは1ポイントシュートと2ポイントシュートのどちらの方が点数を取れるのかを知ることで、攻撃面での戦術が変わります。

2ポイントシュート試投率（%）

$$277 \div (330 + 277) \times 100 = 45.6$$

※2ポイントシュート試投数
※フィールドシュート試投数

効率よく得点を積み上げるためには、自分たちは2ポイントシュートの比率を上げるべきなのか、それとも1ポイントをもっと取りに行った方がいいのかの指標になります。

おおよそ何%くらい2ポイントシュートを打ちに行った方がよいか、打ち過ぎなので1点を取りに行った方がよいかなど、自分たちの得点期待値と比較して決めていくことが勝つための戦術につながります。

●オフェンスリバウンド獲得率　Offense Rebound Rate

オフェンスリバウンドを取りに行くことで攻撃回数を増やすことができます。その一方でマークマンのピックアップに行くディフェンスをどうするかという問題も浮上します。リバウンドに積極的に行くチームとトランジションディフェンスに切り替えてくるチームで、はっきり戦術が分かれます。

トップチームのオフェンスリバウンド獲得率は30%を超えています（P.154下表OREB%参照）が、これはかなり意識しないと難しい数値です。

オフェンスリバウンド獲得率（%）

$$111 \div 342 \times 100 = 32.5$$

※オフェンスリバウンド獲得数
※オフェンスリバウンド機会
（シュート失敗数）

実際に自分のチームで試してみるといいでしょう。頑張って25%くらいになるのではないでしょうか。

●ターンオーバー率　Turn Over Rate

3X3のターンオーバー率は、トップチームで10%台前半くらいです。攻撃回数を35回とすると、4〜5回のターンオーバーで12〜13%になります。5人制では、10%を切るといいチームと言われますが、3X3では直感的なプレーが多くなるため10%を切るのは難しくなります。

ターンオーバー率（%）

$$4.6 \div 34 \times 100 = 13.5$$

※1試合平均のターンオーバー数
※1試合平均の攻撃回数（POSS/G）

基準となる数値はカテゴリーによって異なり、高校生くらいだと7〜8回になることも多く見られます。自分たちのチーム、相手チームを見たときにどうなっているかを見ておくことが大切です。

もちろん、ターンオーバーが多いければ、当然シュート機会が減るので勝てません。試合に勝つためにはできるだけ10%に近づけることを目指していくことが大切です。

●フリースローレート ＝ Free Throw Rate

得点の期待値を考えたときに、1ポイントシュートや2ポイントシュートに比べて、フリースローは期待値が高いのが分かります（P.155表FT-EFF参照）。

トップチームを見ると、チームCはフリースロー期待値が高く、フリースローからの得点率も多いのが分かります。フリースローレート（P.155表FTR参照）を見ると、フィールドゴール数の21.1%もフリースローを打っています。

フリースローレートの高いチームは、期待値の高いフリースローで効率よく得点を積み上げていくことができます。もし、相手がそのような

フリースローレート（%）

$$107 \div (\underset{※}{330} + \underset{※}{277}) \times 100 = 17.6$$

※フリースロー試投数
※フィールドシュート試投数

チームであれば、シュートファウルに特に気をつける必要があるということです。

それとは逆に、相手がファウルの多いチームであれば、ファウルをもらって自分たちのフリースローレートを上げていくようなゲームプランを立てることもできます。

●1試合あたりのファウル数 The Number of Team Fouls

3X3では、7回目以降のファウルに対しては2ショットが与えられます。フリースローの得点期待値が高いことを考えると、7回以上のファウルは非常に不利になります。

これを聞くと、全てのプレーヤーがファウルを避けるように思われますが、実際はそうでもありません。

トップチームの1試合の平均ファウル数（P.154下表FO/G参照）を見ても分かるように、全てのチームがギリギリのところまでファウルをしています。優勝チームAや準優勝チームBに至っては、7回を少し超えているのが分かります。

つまり、トップになるほどアグレッシブなディフ

フリースローの得点期待値（FT-EFF）

フリースロー成功率70%の場合

6回目まで	1ショット	0.7
7回目以降	2ショット	1.4

ェンスを行なっているということになります。逆に考えると、弱いチームほどファウルをできずに終わってしまうのです。

3X3では、必ずしも「ファウルをしないこと＝いいこと」ではないということを覚えておきましょう。

あとがき

　3X3はまだまだ歴史が浅いスポーツですが、U-18日本選手権の参加チーム数も増え、3X3を行なうチームが全国的に増えてきているのも事実です。2021オリンピック種目になったこともあり、競技人口が増えているのも実感しています。

　その理由は、3X3には本書でも紹介しているような魅力がたくさんあるからです。読者の皆さんにもこの魅力を感じて、ぜひとも実際にプレーしていただきたいと思います。

　最近、「3x3をやりたいけれども練習のやり方が分からない」、「どのようにプレーしていいか分からない」という声を耳にする機会が増えたこともあって、その参考になればと思い、この書籍の執筆を決意いたしました。

　本書を通じて、3x3を深く知り、その魅力を感じながら、プレーしていただければ光栄に思います。3X3に携わるものとして、この流れをさらに応援し、今後も普及活動を続けていきたいと考えております。

一般社団法人アルボラーダ代表
中祖 嘉人

著者&モデル PROFILE

著者 ——————

中祖 嘉人
（なかそ・よしひと）

昭和56年6月6日、島根県出身。筑波大学卒。一般社団法人アルボラーダ代表。3X3日本代表サポートコーチ（2018〜）。コーチとして3X3日本選手権第5回優勝（TEAM Tsukuba）、第6回準優勝（アルボラーダ）に導く。3X3のコーチングのみに留まらず、クリニックや大会開催などを通じて3X3の普及活動に努めている。

ALBOLADA アルボラーダ

モデル ——————

写真左より）
池田翔貴、菊地玲皇奈、山本陸、改田拓哉、石渡優成、小澤崚、前田晃清、菊地龍翔

茨城県つくば市で活動するバスケットボールのクラブチーム。小中高の一貫指導からトップ選手の育成を目指して活動中。

制作 Staff ——————

本文デザイン　LA Associates
イ ラ ス ト　山田 達彦（匠工房）
写　　　真　河野 大輔
編　　　集　権藤 海裕（Les Ateliers）
カバーデザイン　保延みなみ（株式会社毎栄）

1冊でわかる
3×3バスケ入門
ルールから戦術、練習法まで

2021 年 5 月 31 日　初版第 1 刷発行

著　者 ····· 中祖嘉人
発行者 ····· 滝口直樹
発行所 ····· 株式会社マイナビ出版
　　　　　〒101-0003　東京都千代田区一ツ橋 2-6-3 一ツ橋ビル 2F
　　　　　電話 0480-38-6872（注文専用ダイヤル）
　　　　　　　　03-3556-2731（販売部）
　　　　　　　　03-3556-2735（編集部）
　　　　　URL　https://book.mynavi.jp/

印刷・製本 ············· 中央精版印刷株式会社

ISBN978-4-8399-7478-7